Georg Weerth

Skizzen, Feuilletons, Reportagen

Georg Weerth: Skizzen, Feuilletons, Reportagen

Die Armen in der Senne:
Entstanden 1843/44. Erstdruck in: Deutsches Bürgerbuch für 1845. Herausgegeben von Hermann Püttmann, Darmstadt (Leske) 1845.

Die Wohltaten des Herzogs von Marlborough:
Erstdruck in: Gesellschaftsspiegel. Organ zur Vertretung der besitzlosen Volksklassen und zur Beleuchtung der gesellschaftlichen Zustände der Gegenwart (Elberfeld), 1. Jg., 1845.

Die englischen Arbeiter:
Bei dem Text handelt es sich um die erweiterte Neufassung zweier älterer Aufsätze für das unpubliziert gebliebene Buch »Skizzen aus dem sozialen und politischen Leben der Briten«. Erstdruck in: Sämtliche Werke, Berlin (Aufbau) 1957. Die zugrundegelegten Aufsätze erschienen zuerst in: Rheinische Jahrbücher zur gesellschaftlichen Reform, Darmstadt 1845, bzw. in: Gesellschaftsspiegel. Organ zur Vertretung der besitzlosen Volksklassen und zur Beleuchtung der gesellschaftlichen Zustände der Gegenwart (Elberfeld), 1. Jg., 1845.

Das Blumenfest der englischen Arbeiter:
Erstdruck in: Gesellschaftsspiegel (Elberfeld), 1. Jg., 1845.

Rede auf dem Freihandelskongreß in Brüssel:
Erstdruck in: Die Ameise. Vaterländische Blätter für Haus und Leben (Grimma), 15.10.1847.

Ein Besuch in den Tuilerien:
Erstdruck in: Kölnische Zeitung (Köln), 1./2.4.1848.

Aus dem Tagebuche eines Heulers:
Erstdruck in: Neue Rheinische Zeitung (Köln), Nr. 51, 53 und 63 vom 21.7., 23.7. und 2.8.1848.

Kriegserklärung der schwarz-weißen gegen die schwarz-rot-goldnen Annoncen:
Erstdruck in: Neue Rheinische Zeitung (Köln), Nr. 65, 66 vom 4.8. bzw. 5.8.1848.

Fragment einer Warnung vor der »Neuen Rheinischen Zeitung«:
Entstanden Anfang September 1848. Erstdruck in: Sämtliche Werke, Berlin (Aufbau) 1957.

Blödsinn deutscher Zeitungen:
Erstdruck in: Neue Rheinische Zeitung (Köln), Nr. 139 vom 10.11.1848, Nr. 180 vom 18.12.1848, Nr. 252 vom 22.3.1848 und Nr. 253 vom 23.3.1849.

Die Langeweile, der Spleen und die Seekrankheit:
Erstdruck in: Neue Rheinische Zeitung (Köln), Nr. 238 bis 258 vom 6.-29.3.1849.

Großbritannien:
Erstdruck in: Neue Rheinische Zeitung (Köln), Nr. 301 vom 19.5.1849.

Proklamation an die Frauen:

Erstdruck in: Neue Rheinische Zeitung (Köln), Nr. 301 vom 19.5.1849.

Neuausgabe mit einer Biographie des Autors
Herausgegeben von Karl-Maria Guth
Berlin 2017

Der Text dieser Ausgabe folgt:
Georg Weerth: Sämtliche Werke in fünf Bänden. Herausgegeben von Bruno Kaiser, Berlin: Aufbau, 1956/57.

Die Paginierung obiger Ausgaben wird hier als Marginalie zeilengenau mitgeführt.

Umschlaggestaltung von Thomas Schultz-Overhage unter Verwendung des Bildes: Georg Weerth (Daguerrotypie, um 1851/52)

Gesetzt aus der Minion Pro, 11 pt

Verlag: Henricus - Edition Deutsche Klassik GmbH
Mörchinger Str. 33, 14169 Berlin, info@henricus-verlag.de
Druck: Libri Plureos GmbH, Friedensallee 273, 22763 Hamburg

Die Ausgaben der Sammlung Hofenberg basieren auf zuverlässigen Textgrundlagen. Die Seitenkonkordanz zu anerkannten Studienausgaben machen Hofenbergtexte auch in wissenschaftlichem Zusammenhang zitierfähig.

ISBN 978-3-7437-0687-3

Bibliografische Information der Deutschen Nationalbibliothek

Die Deutsche Nationalbibliothek verzeichnet diese Publikation in der Deutschen Nationalbibliografie; detaillierte bibliografische Daten sind im Internet über www.dnb.de abrufbar.

Inhalt

Die Armen in der Senne 5
Die Wohltaten des Herzogs von Marlborough 10
Die englischen Arbeiter 14
Das Blumenfest der englischen Arbeiter 44
Rede auf dem Freihandelskongreß in Brüssel 55
Ein Besuch in den Tuilerien 59
Aus dem Tagebuche eines Heulers 67
Kriegserklärung der schwarz-weißen gegen die schwarz-rot-goldnen
    Annoncen 79
Fragment einer Warnung vor der »Neuen Rheinischen Zeitung« 88
Blödsinn deutscher Zeitungen 93
Die Langeweile, der Spleen und die Seekrankheit 117
Großbritannien 149
Proklamation an die Frauen 152
Biographie 155

Die Armen in der Senne

Von den Höhen des Teutoburger Waldes sieht man in eine weite Ebene, die Senne genannt, deren ödester Teil sich zwischen Paderborn, Bielefeld und dem Fürstentum Lippe hinzieht. Sie gewährt einen eigentümlichen Anblick, der sich wohl am besten mit der Aussicht vergleichen läßt, die man in der Abenddämmerung von einem höhern Punkte des Strandes auf die See hat. Die Täuschung wird noch größer, wenn in den Strahlen der untergehenden Sonne, oder im Mondlicht, die dunklen Wasserflächen einiger Teiche zu leuchten beginnen, die hin und wieder den Sand durchschneiden und gewöhnlich von kleinen Fichtengehölzen umgeben sind. In solchen Augenblicken gewinnt die Gegend keineswegs einen schönen, vielmehr einen höchst unheimlichen und wahrhaft geisterhaften Anstrich. – Die Umrisse einiger Meierhöfe und zerstreuter Baumgruppen verschwinden, und bald gewahrt das Auge nur noch den schwarzblauen Farbenton der Ebene, über welche die Nebel in weißen Wogen hereinbrechen.

Dem Beschauenden scheint dann der geheimnisvolle Geist jener Wüste vorüberzuschweben, jener Wüste, in welcher schon so vieles auf und nieder ging, in deren Sand die Waffen der Römer verrosteten, in der Franken und Sachsen im Kampf aneinanderrannten, in welcher der tollste Hexenspuk sein Wesen trieb – und die jetzt wohl die unglücklichsten Bewohner des einst so gewaltigen Westfalens bevölkern. –

Wir wollen von den Bergen hinuntersteigen und uns auf dem eigentlichen Terrain näher umsehen. – Eine Wüste nannten wir jenen Landstrich, und dennoch bevölkert! Leider ist dies nur zu wahr; denn auch hier, wo die Natur dem Menschen geradezu untersagt zu haben scheint, sich anzubauen, hat der Arme, dem kein besserer Boden zuteil wurde, sein Korn der Erde anvertraut. Hier und dort, wo der Sand fester und feuchter ist, sieht man Buchweizen und Hafer in dünnen Halmen aufschießen; gleich daneben, hinter einem Zaun aus Birken geflochten, weidet eine magere, buntgefleckte Kuh, wohl die einzige Trösterin des Bauers, der nicht weit davon aus Lehm und Baumzweigen seine niedrige Hütte aufgeschlagen hat. Treten wir an die Tür derselben, da schlägt uns ein dichter Rauch entgegen, denn für einen Schornstein hat man nicht gesorgt. Ist im Winter der Herd erloschen, da muß der in der Hütte zurückgebliebene Rauch und Dunst noch wärmen. Gehen wir vorüber, da laufen uns einige zerlumpte Kinder nach; sie halten die Hände gefalten und murmeln eine Sprache, welche niemand versteht. Aber in den kümmerlichen Blicken kann man lesen, was sie wollen, und gebt ihr einem kleinen Mädchen mit hellblonden Haaren eine Silbermünze, da ist es mehr, als sie je besaß, mehr, als sie in mehreren Wochen durch Flachsspinnen verdienen kann. – Es ist so rührend komisch, wenn man mit einem Bauer spricht, welcher eben aus Friesland zurückkommt, wo er einige Monate für Lohn arbeitete. Seine Augen blitzen vor Freude; er bringt Geld mit, Geld in dem kleinen ledernen Beutel; das kleine Feld ist unterdes leidlich gediehen; die Kuh ist noch am Leben; er dünkt sich reich und glücklich! Da sieht er plötzlich seine Kinder herbeilaufen, und er wird ernst und still; es fällt ihm ein, daß alles vielleicht nicht hinreicht, um die junge Brut durch den Winter zu bringen.

»Aber beim Teufel, lieber Mann, weshalb hat er auch so viele Kinder!« – »Ja«, sagt der Bauer dann, »die Obrigkeit ist auch gar nicht damit zufrieden. Sehn Sie, wenn unsereins heiraten will, da muß er erst auf dem Amt 150 harte Taler vorzeigen können, und kann er dies nicht, da mag er gehn, – er wird nicht kopuliert. Wenn ich nun unsers Nachbars junge Liese gern leiden mag und kein Geld habe, was tue ich dann? Entweder muß ich bei einem Paderborner Juden das Geld borgen und abscheuliche Prozente bezahlen, oder –«, und dann sieht mancher junge Bauer verschämt zur Erde.

Am schlimmsten sind die Leute daran, welche sich durch irgendeinen günstigen Ackerfleck verleiten ließen, mitten in die eigentliche Senne zu ziehen, denn dort sind sie, wenn im Winter die ohnehin ungangbaren Wege ganz verschneien, von aller Welt abgeschnitten. Der Vorrat von Kartoffeln geht bald zu Ende; durch die schlechte Witterung, welche die Lehmwände der Hütten naß und feucht macht, brechen Krankheiten ins Haus herein; – mehrere Glieder der Familie liegen schon, die Alten an der Gicht, die Jungen am Nervenfieber darnieder – da macht der Gesundeste sich auf und eilt zu dem Prediger des nächsten Dorfes. Der soll trösten, helfen, retten. Man sagt ihm, ein Sterbender wünsche die Sakramente. Er kommt an Ort und Stelle, sieht den Jammer und die Not, sieht aber auch ein, daß das Heiligtum hier weniger helfen kann als eine wollene Decke, als ein gutes Brot. Ist es in seiner Macht, so unterstützt er aus eignen Mitteln, bescheinigt aber gewiß den kläglichen Zustand jener Armen, damit sie aus der nächsten Ortschaft ihren Pfennig von der Behörde und die Hilfe eines Arztes bekommen.

Leider sind manchmal die Einkünfte einer Gemeinde aber nicht so groß, um jedem unglücklichen Einlieger helfen zu können, und, was noch schlimmer ist, oft findet sich auch, daß ein Bauer, nachdem er bei dem Gemeindevorstand um Unterstützung angehalten hat, gar nicht zu dieser gehört, also kein Recht darauf hat. Die Grenzen der Länder, in jener Ebene durch nichts Hervorstechendes markiert, waren ihm nicht bekannt; er weiß nicht, ob er ein Preuße, ein Lipper oder was sonst ist, und ehe er sich von der einen Behörde an die andere wenden konnte, ist der Tod in seine Hütte hereingebrochen und hat mit seinem kalten Kuß allem Leid ein Ende gemacht. –

Vor nicht gar langer Zeit fuhren wir von der lippeschen Grenze ins Preußische hinüber und wurden auf dieser Postwagenreise durch den Sand mehr hin- und hergeworfen als in dem lustigsten Sturm auf dem Kanal. Hinter uns lagen die altsassischen Wälder, in denen wir noch am Morgen einen der größten Hirsche ventre à terre vorüberrennen sahen – vor uns dehnte sich die Ebene mit ihrem rotblühenden Heidekraut, das immer höher aufwuchert, wo ein Teich den Boden feuchter macht. Einige Kiebitze, die schlanken Bewohner der Heiden, hüpften über das Moor und ergötzten uns durch ihr helles Geschrei, in das bisweilen ein alter Frosch mit verständiger ernster Stimme einfiel. Nebenbei lenkte ein alter Förster unsre Aufmerksamkeit auf einige Fichten, in deren Umzäunung wir die Trümmer einer Hütte bemerkten, die das Feuer jüngst zerstört zu haben schien. Die Geschichte, welche der alte Mann darauf erzählte, machte bald unsrer heitren Stimmung ein Ende:

»Im letzten Winter, als abwechselnd durch Schnee und Regen alle Wege durch die Senne ungangbar gemacht waren, hatte in jener Hütte, welche jetzt als Trümmer vor uns lag, die Not ihren Gipfel erreicht. – Ein junger Bauer verlor sein Weib, was ihm sechs kleine Kinder hinterließ. Sie zu ernähren, war das wenige Geld, was er aus Friesland mitbrachte, bald draufgegangen, und eine gänzliche Mißernte machte, daß seine Scheune diesen Winter ohne den gehörigen Vorrat von Früchten blieb. Dazu kam noch das lange Darniederliegen des Leinenhandels, der von England aus mit so großem Erfolg betrieben wird und der den Bauern jener Gegend, welche früher das Garn mit

Nutzen zu Markte trugen, jetzt jede Möglichkeit nimmt, ihr Leben dadurch zu fristen. Alles hätte den jungen Bauer indes noch nicht niederbeugen können, denn noch blieben ihm ja zwei tüchtige Fäuste, die zu jeder Arbeit bereit waren und bei dem Bau des Armindenkmals in jener Zeit gerade die beste Gelegenheit dazu fanden. Aber, wie durfte er sich tagelang von seiner Hütte entfernen – sechs Kinder kauerten halb nackt am Feuer, und im Winkel der Stube lag auf hartem Strohlager der alte Vater, krummgezogen von der Gicht, von den fürchterlichsten Schmerzen geplagt, der weinend seine Knie umfaßte und ihn bat, nicht davonzugehen. Mehrere Male war schon das größeste der Kinder in das nächste Dorf geschickt zu dem Prediger. Der Vater sei so krank, ließ man ihm sagen, er möge doch mit den Sterbesakramenten kommen.

Der Pastor war jedesmal erschienen – aber wozu der Trost schöner Worte? – Man ließ ihn rufen, weniger der Gottseligkeit wegen, als daß er noch einmal die Not sähe, noch einmal eine Unterstützung auswirkte oder vielleicht noch einmal in die eigene Tasche griffe; denn der kranke Vater machte noch keine Sterbemiene; sechzehn Wochen lag er schon am Boden, er war an Schmerzen gewöhnt, er wollte leider noch nicht sterben. – So ging der halbe Winter vorüber, die Gegend war von dichtem Nebel umhüllt; bald konnte man kein Kind mehr hinausschicken – es wäre in den sumpfigen Wegen, im Schnee, auf den unsichern Sandschichten unrettbar verloren gewesen; die Hilfe der Nachbarn wurde durch die vielen Armen immer kleiner, manchmal blieb sie ganz aus, und vom Hunger gestachelt, jammerten dann die Kinder in der Hütte umher.

Als die Sonne wieder einmal rot hinter den fernen Bergen hinabgesunken war und in der und um die Hütte das tiefste Dunkel lag, schleicht der junge Bauer aus der Tür, geht an die Wand, hinter welcher der kranke Vater lag, er schauert zusammen, zerdrückt noch eine Träne im Auge – und mit kräftigem Stoß reißt er die morsche Lehmwand auseinander. – Der Kranke, gänzlich erschöpft, ist gerade in festen Schlaf versunken, er merkt nicht, daß ihm der kalte Nachtwind über das Gesicht streicht, und als er endlich wach wird, sich nicht von der Stelle bewegen kann und um Hilfe wimmert – da hört ihn niemand – man ist an das Jammern gewöhnt; der Sohn verbirgt sein Gesicht im Stroh, die Kinder schlafen. – Der Nebel ist indes verschwunden, in der Nacht wird es sternhell, es wird bitterkalt. –

Um Mitternacht ist der Alte schon besinnungslos, als der Morgen kommt, ist er tot. –

Jetzt hat der junge Bauer nur noch für die Kinder zu sorgen. Nach einigen Tagen sieht man die Hütte in Flammen aufgehn. – Der Eigentümer steckte sie selbst in Brand und zieht mit den Kindern auf die nächsten Dörfer, um zu betteln.«

Wir schreiben dies in einer Fabrikstadt Englands, in einem echt chartistischen Loch, in dem Armut und Unheil zu Hause ist; man hat uns manche Sachen erzählt, die das Herz beben machen können, aber Geschichten, wie die erzählte aus der lieben *Heimat,* sind doch auch des Schauderns wert.

Die Wohltaten des Herzogs von Marlborough

Wie erfreulich auch das jetzt überall sich hervortuende Streben ist, den arbeitenden und armen Volksklassen mit Rat und Tat beizuspringen, so bedauernswert ist es andrerseits, daß auch hier nur zu oft Eitelkeit, Scharlatanerie und noch schlimmere Dinge sich einmischen und das reine Werk der Liebe durch unedle Nebenrücksichten trüben und beschmutzen, was um so mehr gegeißelt zu werden verdient, als es noch Leute genug gibt, die das ernste Streben der Sozialisten in eine Kategorie mit jener Scharlatanerie und Modesucht werfen möchten. Diese heuchlerische Wohltätigkeitsschwärmerei nach der Mode treibt leider auch schon überall ihr Wesen. Vetter Michel und sein Nachbar John Bull gebärden sich aber dabei am possierlichsten.

Vor einigen Tagen hieß es in allen englischen Zeitungen, der Herzog von Marlborough habe 200 Stück Rotwild, Hirsche und Rehe, in seinem Park erschießen und dieses schöne, saftige Wildbret an die armen Leute der Umgegend verteilen lassen. Diese Nachricht verbreitete Freude durch das ganze Land. Man sprach von der altenglischen Gastfreiheit, welche sich wieder geltend mache, sang das Lied von dem feinen Gentleman und erhob den Herzog bis in den Himmel. Unglaublich schien die Sache freilich noch immer, da der Herzog sich bisher nur als ein Geizhals erster Größe gezeigt hatte. Es blieb aber dabei, daß die unendliche Not der Armen das Herz des reichen Aristokraten besiegt habe. Leider wird aber in London ein kleines Volksblatt gedruckt, »Punch« geheißen – dieser »Punch« steckt seine Nase in jeden Dreck, und mancher weiß davon zu erzählen. »Punch« ist nicht zufrieden mit den Wildbret-*Gerüchten* und sendet einen *Abgeordneten,* um sich an Ort und Stelle von der Großmut des Herzogs zu überzeugen. – Da kam denn die folgende artige Geschichte zum Vorschein: »Als der Herzog von Marlborough vor wenigen Tagen in seinem Park lustwandelte und, wie Patrioten und Philanthropen zu tun pflegen, über die Lage seiner Mitmenschen, der Armen, nachdachte, da fand er sich plötzlich umringt von zirka 2.000 Stück Rotwild. Sämtliche Tiere gehörten ihm. Bei andern Gelegenheiten zeigten die Hirsche, welche den Herzog sehr wohl kannten, stets ihre Leichtfüßigkeit und entfernten sich so rasch wie möglich. Zu der Zeit, wovon wir sprechen, war dies nicht so. Die Hirsche blieben stehen und blickten auf Se. Hoheit. Die Wahrheit ist, daß sie nicht soviel Kraft mehr hatten, um ihre Beine zu bewegen. Auch rollten einigen die hellen Tränen aus den großen Augen, und hätten die Tiere sprechen können, so würden sie alle gesagt haben: ›Ach, lieber Herzog, wir verhungern, du gibst uns kein Heu mehr, das Futter ist rar – ach, Hunger, du bitteres Kraut!‹

Der Herzog verstand die wehmütigen Blicke seiner Hirsche. Er zählte die Rippen derjenigen, die ihm zunächst standen, und wurde sehr nachdenklich. Er dachte an die Lage seines Viehs, und er dachte an den hohen Preis des Heus. ›Was soll ich tun?‹ sprach der Herzog. ›Wenn ich die ganze Bande den Winter hindurch erhalte, verliere ich enorme Summen – ein paar hundert Stück sind außerdem schon zu Schatten herabgesunken – sie werden morgen krepieren, und dann gibt es große Arbeit, sie alle unter die Erde zu schaffen.‹ Plötzlich kam ihm ein herrlicher Gedanke: ›Du rufst die Armen aus der Gegend zusammen, erklärst ihnen, Gott habe dein Herz zur Milde gestimmt, und dann machst du ihnen 200 Stück der abgemagertsten Hirsche zum Geschenk.‹ – Also geschah's, die Hirsche wurden mit allen Ehren erschossen, – die Bauern schleiften sie heim und haben sich an den Knochen die Zähne weidlich zerbissen.«

Dies sind die Wohlfahrtsbestrebungen eines englischen Aristokraten. Wir wollen jetzt sehen, ob sie durch die Taten eines deutschen Gewerb-Vereins übertroffen werden. – Der Herzog erquickt die arbeitenden Klassen durch Haut und Knochen, der Leipziger Gewerb-Verein erfrischt sie durch eine Annonce in der Augsburger »Allgemeinen Zeitung«.

In Nr. 14 der Augsb. Zeitung heißt es:

Bekanntmachung

In Gemäßheit des von der Versammlung deutscher Gewerbetreibenden am 7. Oktober v. J. in Leipzig gefaßten Beschlusses wird hiermit ein Preis von 100 Stück Dukaten für die beste schriftliche Lösung der Frage ausgesetzt: *Bei welchen Gewerben im deutschen Zollverbande finden sich vorzugsweise Hilfsbedürftige unter den arbeitenden Klassen, und welches sind die geeigneten Mittel, ihrer Not sicher und dauernd abzuhelfen?*

Preisschriften mit Angabe des Verfassers bis 31. August 1845 an *J.G. Günther* in Leipzig einzusenden.

Der diesjährige Ausschuß für die Versammlungen deutscher Gewerbetreibender.

Also ihr deutschen Leipziger Gewerbetreibenden habt noch nötig, einem Literaten 100 Stück Dukaten zu bieten, um etwas über die Not der arbeitenden Klassen zu erfahren? Habt ihr denn nie die »Rheinische Zeitung« gelesen, wenn sie ihre Korrespondenzen aus der Eifel, von der Lahn oder der Mosel brachte? Habt ihr nie von den Armen Berlins gehört? Nichts über die Bauern in Westfalen, im Ravensbergischen, in der Senne? Sind euch die Vorfälle in Schlesien unbekannt? – Es scheint, daß ihr lange Zeit in festem Schlafe gelegen habt.

Wie viele von euch, ihr Gewerbetreibenden, stolpern in ihren Fabriken, in ihren Spinnereien über bleiche, weinende, verkrüppelte Kinder, über schwindsüchtige Frauen, über ruinierte Männer. Und während ein Schrei der Entrüstung durch die ganze Welt geht, daß in solchen Etablissements die heranwachsenden Geschlechter im Keim verdorben werden, tut ihr, als wenn ihr gar nichts davon wüßtet, und seid naiv genug, euch zu erkundigen, bei welchen Gewerben im deutschen Zollvereine sich *vorzugsweise* Hilfsbedürftige finden. Gebt doch dem ersten besten Arbeiter eurer Fabriken einen *einzigen* Dukaten, unter der Bedingung, euch sein Inneres aufzuschließen und einmal ganz so zu sprechen, wie es ihm ums Herz sei, und ihr werdet mehr erfahren wie von zehn Literaten, die euch für 100 Stück Dukaten ihre Meinung sagen sollen. Auf diese Weise spart ihr 99 Stück – die Sache ist so viel billiger.

Ihr nennt euch »eine Versammlung deutscher Gewerbetreibender«; da ist es doch möglich, daß einige Fabrikanten aus Schlesien oder aus Rheinpreußen in eurer Mitte sind. Vielleicht sind sogar Fabrikherren unter euch, in deren Säle die Kinder genötigt sind, bei dem Anmachen der Fäden stets gebückt zu stehen – eine notwendige Folge der zu niedrig liegenden Maschinen –, so daß die Kinder in Zeit von einem Jahre krumme Beine und krumme Rücken kriegen.

Die Gewerbetreibenden in Leipzig machen es nicht wie die Herren von Köln, welche zusammenkommen und sagen: »Die Not ist da, hier sind wir und helfen!«, nein, sie wollen wissen, wo es denn eigentlich am *schauderhaftesten* hergeht; sie müssen erst Krüppel und Leichen sehen, ehe sie mit ihrer Hilfe Ernst machen; sie sind nicht damit zufrieden, daß es wirklich Not gibt – sie wollen auch das Blut und die Fetzen beriechen. Als ob es nicht im Grunde einerlei wäre, daß hier ein Winzer am Verhungern ist, dort die Kinder der Fabriken malträtiert werden, daß hier ein Handwerker in dumpfigen Kellergeschossen zugrunde geht, dort ein Weber in seinem Stuhl verkrüppelt. Als ob sich ein so genauer Unterschied zwischen den Leiden der arbeitenden Klassen machen ließe!

Die Not der arbeitenden Klassen liegt gerade euch am allernächsten, und wie dieser Not abzuhelfen ist und wie man der entstehenden vorbeugen kann, das ist auch bereits ausgesprochen und wird es noch täglich, ohne 100 Dukaten. Wäre die Bekanntmachung der Gewerbetreibenden auch in der reinsten Absicht geschehen, so wäre sie mindestens – zwecklos.

Der Redensarten ist man so ziemlich satt – die haben noch keinen auf die Beine gebracht; und wenn ihr Gewerbetreibenden die Arbeiter durch Traktätchen und Bibelsprüche zu mästen und zu trösten hofft, so werden sie wahrscheinlich bei dem Spruch des alten, zornigen Jesaias stehenbleiben: »Wir brummen alle wie die Bären und ächzen wie die Tauben, denn wir harren aufs Recht, so ist's nicht da, aufs Heil, so ist's ferne von uns.«

Die englischen Arbeiter

Wir sind es bei den Buchhändlern der ganzen Welt gewohnt, daß sie die Rückseiten neu erschienener Werke mit den Annoncen ihrer übrigen Verlagsartikel behängen. So muß z.B. ein nagelneues Gebetbuch die Titel und die Preise von einem Dutzend ähnlicher Erbauungsschriften durch die Welt schleifen; die Rückseite eines Kochbuches macht uns mit den neuesten Abhandlungen über Heringsfang und Käsebereitung bekannt. Eine neue Ausgabe selig verstorbener Klassiker hat einen förmlichen Kometenschweif von noch lebenden unglückseligen Autoren hinter sich. Der »Don Quijote« hat stets den »Gil Blas« und den »Chevalier Faublas« auf dem Nacken; der Shakespeare trägt fast immer den Byron und den Milton huckepack. Der Walther von der Vogelweide hat die »Gudrun« und den »Wieland den Schmied« und den »König Orendel« und »Parzival« und »Titurel« im Schlepptau usw., und das ist ganz recht. Es ist ganz in der Ordnung, daß man ein Kochbuch mit einer Käseschrift anzeigt, daß man das Wort Gottes mit den Worten eines evangelischen Kandidaten ausposaunt, daß man die meisten unserer jüngeren Poeten stets an der Nabelschnur ihrer guten poetischen Großmutter herumlaufen läßt. Unverzeihlich ist es indes, wenn es den industriellen buchhändlerischen Käuzen auch mitunter einfällt, die Gebetbücher unter die Käserubrik zu bringen, die Poesie unter den Heringsfang oder die evangelischen Kandidaten unter den »Chevalier Faublas«. In Deutschland geschieht dies freilich seltener; in England ist es aber an der Tagesordnung; so ein englischer Buchhändler ist nun einmal determiniert, seine Bagagen an den Mann zu bringen; er druckt nicht allein sämtliche ältern Verlagssachen auf die Rückblätter seiner neuern Bücher, sondern er fertigt sich auch separat einige tausend Annoncenbogen an, und du magst bei ihm kaufen, was du willst, er dreht dir einen solchen Bogen um dein erstandenes Werk. Ein englischer Buchhändler gehört immer einer gewissen Farbe, einer bestimmten Partei an; er ist entweder ein Tory oder ein Whig, ein Freetrader oder ein Chartist, ein Anglikaner oder ein Dissenter; nicht daß er deswegen nur Tory-Bücher verkaufte, wenn er ein Tory wäre, oder nur ausschließlich chartistische, wenn er zu der Partei der Chartisten gehörte – nein, keineswegs! Ein englischer Buchhändler ist ebensogut ein Mensch wie jeder andere auch; vor allen

Dingen ist er ein Kaufmann, und wie jener Birminghamer Fabrikant sich für Missionsgesellschaften verwandte, zu gleicher Zeit aber doch Götzenbilder fabrizieren konnte, so kann ein englischer Buchhändler ein entsetzlicher Tory sein, ohne es gerade zu verschmähen, unter der Hand auch einige Schillinge an einem chartistischen Buche zu verdienen.

Jedenfalls bleibt er indes stets seiner Partei getreu; er wird dir das bestellte chartistische Buch schicken, er dreht aber einen Bogen aristokratischer Bücherannoncen darum; bestelltest du bei einem Teetotaler einen Band Trinklieder, so wird er die Trinklieder in den Prospektus einer Mäßigkeitsgesellschaft binden; forderst du bei einem frommen Buchhändler ein gottloses Buch, so wird er dir zwar das gottlose Buch nicht vorenthalten, er wird dich aber jedesmal auf eine ganze Liste heiliger und erbaulicher Schriften aufmerksam machen, und wirst du umgekehrt bei einem atheistischen Krämer ein gottesfürchtiges Traktätchen erhandeln, so wird er nicht unterlassen, dir das Gift seines Verlags in Gestalt einer zierlich gedruckten Annonce beizufügen. Wenn ich manchmal im Laufe der Woche verschiedene Bücher aus allerlei Läden zusammengetragen hatte, da entdeckte ich plötzlich auf meinem Tische die unheiligsten Spottgedichte, die schlechtesten Liebeslieder und die rührendsten Missionsberichte – Sachen, welche doch alle gar nicht in mein Fach schlagen –, die wie durch ein Wunder in mein Zimmer geflogen zu sein schienen. Mit der Zeit kam ich erst hinter die Geschichte und habe mich später oft über einen sehr eifrigen Shopkeeper gefreut, der sieben Jahre lang um jeden Bleistift und um jedes Stück Siegellack, was er verkaufte, eine Abhandlung über die Notwendigkeit der Abschaffung der Korngesetze wickelte. Eine solche Manier, Propaganda zu machen, ist wirklich gar zu herrlich, und ich bin fest davon überzeugt, daß jener Shopkeeper auch seiner Zeit von der Anti-Corn-Law-League reichlich für seinen Patriotismus belohnt worden ist.

Am gewandtesten und eifrigsten sind die kleineren Buch- und Zeitungshändler in dieser Art des Annoncierens; sie haben größtenteils die arbeitende Klasse zu ihrer Kundschaft, und sie verfehlen nicht, jedem armen Teufel, der sich am Samstagabend eine Zeitung kauft, irgendeinen Vers, einen Spruch, ein Bild oder einen Aufruf mit in den Kauf zu geben. Während einer politischen Agitation kann dies Verfahren von unendlichem Nutzen für gewisse Parteien sein.

Manchmal enthält der Umschlag einer Zeitung mehr als die ganze Zeitung selbst. Ich habe oft bemerkt, daß ein Holzschnitt, der die Gesichter bekannter Personen getreu wiedergab und auf Dinge Bezug hatte, welche die Arbeiterwelt im höchsten Grade interessierte, mit einem Schlage einen solchen Enthusiasmus unter den Leuten hervorrief, daß sie vor Freude laut aufjauchzten. Durch ein einziges Bildchen, durch wenige Striche, durch die winzigste Zeichnung eines einigermaßen geschickten Künstlers wurde oft eine größere Wirkung hervorgebracht als durch das längste Zeitungsräsonnement.

Von den vielen derartigen Bildern will ich nur eins erwähnen, welches mir ein Bradforder Zeitungshändler mehr wie zehnmal um meine Blätter wickelte. Es frappierte mich seinerzeit um so mehr, weil es gerade in einem Augenblick verteilt wurde, wo die Verkehrtheiten unserer heutigen gesellschaftlichen Einrichtungen wieder einmal in ihrer ganzen Scheußlichkeit ans Licht kamen; wo in Bradford, in jenem Orte des blühendsten Handels und der ausgedehntesten Industrie, mit einem Male Tausende von Menschen auf den Straßen standen, welche weder Arbeit noch Brot hatten, welche nach einem Leben voller Not und Mühe nur eine Zukunft voll Verderben und Verzweiflung vor Augen sahen.

Ach, wüßte ich es zu zeichnen, dies kleine unbedeutende Bildchen! Es wäre das beste Gegenstück zu dem Gemälde der industriellen Prosperität Englands, zu jenen kolossalen Summen, zu jenen enormen Zahlen, mit denen ich vorher die Glückseligkeit der unternehmenden Briten zu schildern suchte.

Man sah einen Baum, eine prächtige Eiche, deren Äste sich nach allen Seiten hin ausbreiteten, deren Krone hinauf in die Wolken reichte. Die Wurzeln des gewaltigen Stammes schlugen tief hinab in den Boden. Unwillkürlich blickte man zuerst hinauf nach dem Gipfel; da sproßte das junge Laub aus den saftigen Reisern, und ein Kranz von grünen Büschen umgab eine schlanke Frauengestalt, die sich leicht auf den Zweigen zu schaukeln schien. Sie trug eine Krone auf ihren Locken und ein Szepter in der Hand, und jede ihrer Mienen schien zu sagen: ich bin Victoria Regina. Neben ihr blitzten Herzogskronen, Bischofsmützen und Hermelinmäntel durch das Grün des Laubes; die Schafsnase des alten Wellington nickte einem vertraulich innig entgegen, und die karierten Hosen des Lord Brougham schimmerten deutlich hinter dem Gewirr der Zweige. Rechts hingen wie Äpfel an einem

Christbaume die Minister der Königin, der eine in Akten vergraben, der andere wie in einer Rede begriffen, alle in verschiedenen Stellungen, und auf den ersten Blick erkannte man den wohlbeleibten Sir Robert Peel und den verschmitzten Sir James Graham. Links bemerkte man die Leiter der Opposition, an ihrer Spitze den kleinen Lord John Russell und den alten Dandy Palmerston; alle mehr oder weniger beschäftigt, aber wohlgenährt und lächelnd wie Leute, die ihres Glückes gewiß sind. Unter ihnen trieb sich rechts und links eine Schar Edelleute; der eine auf dem flüchtigen Renner daherspringend; der andere mit vielen Hunden auf der Jagd; der dritte bei einem Diner, das Champagnerglas in der Hand; der vierte in den Armen eines lieblichen Mädchens. Diese Gesellschaft nahm die Krone des Baumes ein. In dem mittleren Teile bemerkte man vornan einen feisten, wohlgenährten Mann, wahrscheinlich einen Bankier, umgeben von Geldsäcken und Schuldverschreibungen; neben und um ihn stattliche Handelsherren auf Ballen gelehnt, Seeleute auf das Anker gestützt und hin und wieder auch einen runden Pächter mit rosenroten Wangen. Doktoren, Advokaten und Pastoren, hübsch gekleidet, aber mit unzufriedenen Gesichtern, schwärmten in großer Menge um die in der Mitte Versammelten und schienen mit gierigen Blicken nach den Geldsäcken der Handelsleute hinüberzublicken. Dann folgten Ackerknechte hinter dem Pfluge, Weber hinter dem Webstuhl, Spinner an der Spinnmaschine und Männer in Bergmannstracht, die eben ihren Schachten entstiegen zu sein schienen. Dann Handwerker mit ihren Gerätschaften in der Hand, der fleißige Schneider, der geschickte Tischler; Holzhacker dann und Mistschieber und Näherinnen und Lastträger, und je weiter man an den Ästen des Baumes hinuntersah, desto mehr beschäftigte, rastlos arbeitende Menschen fand man. Wo aber der Stamm anfing, da schlang sich ein solches Gewirr von sonderbaren Gestalten durcheinander, daß man nur mit einiger Aufmerksamkeit das eine von dem andern unterscheiden konnte. Hunderte von Menschen, Männer, Weiber und Kinder, die meisten in Lumpen und Fetzen gehüllt, schienen sich mit Fäusten und Bettelstöcken um die letzten Brocken des Verdienstes zu prügeln. Der eine überstürzte den andern, jeder wollte nach oben streben, und unerbittlich trat man die Schädel mit den forteilenden Füßen. Rechts und links sanken die Schwächsten und Unglücklichsten aus den Reihen ihrer Genossen, der eine die Hände faltend, der andere das Haar zerraufend, der dritte die Brust mit Fäusten schlagend, und wie Leichen nach dem Kugelregen einer Schlacht sammelten sich die Kadaver der Gefallenen zu grauenhaften, entsetzlichen Gruppen am Fuße des gewaltigen Baumes. Bleiche, fahle Gesichter, stiere Augen, krampfhaft geballte Fäuste und magere, entfleischte Beine lagen in vollem Gewirr durcheinander, und wie gierige Blutegel und Nattern schlangen sich die Wurzeln des Baumes um die halbverwesten Leiber, ja sie drangen hinab bis in die Herzen dieser Unglücklichen, als ob dort die rechte Nahrung zu saugen sei für den ganzen Baum und für alles, was in seinen Ästen und Zweigen lebe, von dem fleißigen Spinner und Weber an bis zu dem frohen Handelsherrn, bis zu dem faulenzenden Edelmann, ja hinauf bis zu den glückseligen Lords und bis zu der lächelnden Königin.

Das war der Baum der englischen Glückseligkeit; und wenn ein Arbeiter nach sechs Leidenstagen vielleicht am Samstagabend zu jenem Buchhändler in den Laden trat, um sich für seine letzten Pfennige eine Zeitung zu kaufen, damit er sehen könne, ob sich denn niemand in der ganzen Welt seiner Leiden annehme, ob niemand den Mut habe, für ihn und seine Kinder aufzutreten, ach, da mochte er auf dem kleinen Bilde, was man um seine Zeitung drehte, da mochte er in jenen zerschmetterten Kadavern nur gar zu bald die Gestalten seiner früheren Freunde wiederfinden, da mochte es ihm mit Schrecken einfallen, daß ihm wahrscheinlich nur eine ähnliche Zukunft bevorstehe, weil die lustigen Handelsherren und die seligen Lords noch so unbekümmert und so zufrieden lächelnd dort oben auf den Zweigen des schönen Baumes sitzen konnten, jenes schönen Baumes, dem das Herzblut, dem der Schweiß eines untergehenden Geschlechtes als Dünger diente.

Es ist ein leichtes Ding, sich des Großen und Schönen in der Welt zu erfreuen, aber man frage nicht nach den Seufzern und Tränen, mit denen es geschaffen wurde!

Bei meinem Aufenthalt in Bradford hatte ich die beste Gelegenheit, die Opfer aufzuzählen, mit denen der reiche Brite seine industrielle Größe erkauft. Manches hatte ich gelesen, was mir eine Idee hierüber geben konnte, aber ich wollte alles mit eigenen Augen sehen, ich wollte noch mehr sehen, als was man auf einem flüchtigen Gange durch die schlechtesten Gassen einer Fabrikstadt zu bemerken pflegt.

Ich schloß mich daher einem schottischen Doktor an, der vom Morgen bis zum Abend in allen Arbeiterhütten herumkriechen mußte. Das war das beste Mittel, um hinter die Kulissen jenes grandiosen

Schauspieles zu kommen, dessen kolossale Fülle an Pracht und Reichtum uns nur gar zu oft vergessen läßt, welche Not und welche Verzweiflung den Hintergrund der Bühne ausfüllen.

Eines Abends hatten wir länger als gewöhnlich in einem Wirtshause des untern Stadtteils gesessen, da trat der Wirt zu uns herein und meldete dem Doktor, daß im »Weißen Hause« eine junge Frau eben im Begriff stehe, die Welt mit einem überflüssigen Menschen zu bereichern, der Herr Doktor also aufbrechen und helfen müsse.

Ich begleitete Mac. Die Straßen waren schon leer, nur die Nachtwächter irrten an den Häusern vorüber und untersuchten, ob Türen und Fensterläden auch verschlossen seien. »Allright!« riefen sie und eilten weiter. Am Ende der Gasse blieben sie aber aufmerksam stehen; wir ebenfalls, denn in einer Schnapskneipe schien heftiger Streit unter den Trinkern ausgebrochen zu sein. Flüche, Prügel und Gepolter folgten rasch nacheinander, und ehe wir uns versahen, stürzten ein halbes Dutzend Kerle aus der Haustür. Fünf Mann kehrten laut lachend zurück – der sechste lag vor uns auf dem Straßenpflaster und rührte kein Glied.

Mit Hilfe der Nachtwächter brachten wir den Unglücklichen in das Haus des Doktors, welches gegenüber lag. Der arme Zerschlagene kam bald wieder zur Besinnung und versicherte uns, daß er ganz verteufelte Hiebe davongetragen habe. Dies bezeugte auch eine große Quantität irländisches Blut – unser Patient war nämlich ein Irländer –, welches aus drei Löchern vom Kopf herunter auf die zerrissenen Kleider floß.

Während ihm der Doktor die Haare abschnitt, bemerkte Paddy mit wehmütiger Stimme, daß er eigentlich gar nicht wisse, weshalb er so rechtschaffen durchgeprügelt sei.

»Das hat seine guten Gründe, daß Ihr das nicht wißt!« erwiderte ihm Mac. »Ihr habt heute abend eine gute Portion Whisky aus der Welt geschafft.«

»Und das hat seine guten Gründe, daß ich dies tat!« antwortete der Irländer.

»Und welche?« fuhr der Doktor fort.

»Gar keine Gründe hat es«, seufzte Paddy, »und gar keine Gründe sind ebensogut wie die allerbesten! Aber Tom Holmes sagte, ich wäre ein liederlicher Strick; ich machte 20 Schillinge die Woche und hätte doch nie einen Penny; und meine Frau säße in Leeds, und ich kümmerte mich gar nicht um meine Frau; und das tue ich auch nicht;

denn meine Frau verkauft alte Flaschen, und ich kämme Wolle; und wenn sie alte Flaschen verkaufen will, very well. Jeder hat seine Liebhaberei, jeder hat sein eignes Geschäft, jeder tue, was er will, ich kämme Wolle! Nun ist zwar die Frau der größte Komfort für den Mann, und der Mann ist der größte Komfort für die Frau; da es aber von hier bis nach Leeds sieben dicke Meilen sind, so wären sie, Frau, und ich, Mann, eigentlich nicht sehr komfortabel zusammen, wenigstens nur komfortabel in der Entfernung von sieben Meilen; aber wenn sich meine Frau komfortabel fühlt, indem sie alte Flaschen verkauft, und ich mich komfortabel im Wollkämmen fühle, sind wir dann nicht beide komfortabel? Very well, Doktor, das sagte ich auch zu Tom Holmes. ›Tom‹, sagte ich, ›laß meine Frau aus dem Spiele, und was noch viel schlimmer ist, laß das Geld beiseite. Geld sparen kann ich nicht, denn ich habe alle Taschen voll – nämlich voll Löcher; und wer wert ist, Geld zu verdienen, der ist auch wert, Geld auszugeben, und sieh, Tom, ich bin der Meinung, daß das Ausgeben viel erfreulicher ist als das Verdienen, und ich habe mich die ganze Woche mit dem Verdienen geplagt, da stärke ich mich eine Stunde lang mit dem Ausgeben.‹ – O dear me!« schrie der Irländer da plötzlich, denn eben legte ihm der Doktor einige Pflaster auf die Wunden, die dem redseligen Paddy, der mit der Zeit nüchtern wurde, plötzlich sehr weh zu tun schienen.

»Aber Tom«, fuhr er bald fort, »wollte mich gar nicht begreifen; er sagte, wir Irländer wären alle vom gemeinsten Gesindel, wir kämen nur nach England, um wie die Schurken zu leben. Why, Doktor, als wenn das anders möglich wäre. Da komme ich von Tipperary hierher nach England und habe unterwegs zehnmal das Betteln gelernt und finde, daß es mit dem Betteln gar nicht so übel ist; denn geben euch die Leute etwas, da ist es gut; geben sie euch nichts, da lacht ihr sie aus; Spaß auf beiden Seiten, Doktor! Aber ein Mensch kann auch stolz sein, und deshalb kämme ich Wolle. Entweder muß gebettelt werden oder Wolle gekämmt. Wenn ich aber wie ein Schurke lebte, als ich bettelte, lebe ich nicht ebensogut wie ein Schurke, seit ich arbeite? Gewiß! Es ist nur der Unterschied darin, daß ich als Bettler ein Schurke gegen andere bin und als Arbeiter ein Schurke gegen mich selbst. Wenn ich bettle, so ziehe ich durch Faulenzen den Leuten das Geld aus der Tasche, und das ist nicht recht; ich bleibe aber gesund und lustig dabei, und das ist recht. Wenn ich aber arbeite, da verdiene ich mein Brot durch Arbeit, und das ist recht – werde aber ein Krüppel dabei, und das ist nicht recht.

Denn sie lassen einen armen Teufel heutzutage arbeiten, daß ihm Hören und Sehen vergeht; und kommt der Samstag heran, da zahlen sie den Lohn; aber man wird nie glücklich davon, weiß nicht, wie es kommt, und ist man alt – aber man wird nicht mehr alt.«

Da schwieg der Irländer und sah uns mit seinen schwarzen Augen recht ernst und feierlich an.

»Aber halt!« rief er dann plötzlich, »Tom sagte, wir Irländer kämen nur nach England, um wie die Schurken zu leben. Never mind it, Tom! laß sehen.« Da griff Paddy in seine Tasche und dann auf den Kopf: »Löcher, nichts als Löcher!« – »Aber der Doktor braucht etwas für die Pflaster!« bemerkte einer der Nachtwächter.

»Doktor«, fuhr der Irländer fort, »Tom sagte, alle Irländer in England wären Schurken, und das konnte ich nicht vertragen; und da nahm ich alles Geld, was ich hatte; ›Tom‹, sagte ich, ›stolz bin ich, stolz bin ich dreimal auf Tipperary, und hier sind 4 Schillinge und 6 Pence, und das wollen wir vertrinken, Tom, und ich bin kein Schurke!‹ Seht, Doktor, und nun habe ich nichts für die Pflaster, ich wollte, ich hätte mehr!«

Da packten die beiden Nachtwächter den Verwundeten auf und brachten ihn in die Schenke zurück. –

Mac machte sich auf den Weg nach dem »Weißen Hause«.

Seit jenem Abend traf ich manchen Irländer, dem der Kopf entzweigeschlagen wurde, ohne daß er wußte weshalb. Paddy ist der sorgloseste Mann von der Welt. Mit Weib und Kind kommt er oft herüber nach England – in Bradford arbeiten z.B. in den Fabriken mehrere Tausend Irländer –, er denkt, in England Brot und Glück zu finden, und täuscht sich oft nur zu sehr. Ist er unverheiratet, da geht die Sache schon; hat er Familie, da gerät er fast immer, wenigstens im Anfang, in die größte Not. Denn leider weiß ein Irländer nie Haus zu halten, er lebt nur dem Augenblick, und ein folgender Tag ist ihm durchaus gleichgültig. Er tut, was das Herz ihm eingibt. In einer Zeit von zehn Minuten kann er rasen wie ein Löwe und fromm sein wie ein Lamm. Hat er kein Geld, da ist er der zufriedenste Mann bei Kartoffeln und Brot und tröstet sich über sein Schicksal mit den köstlichsten Witzen; ist sein Beutel voll, da wirft er fort, was er hat, und ist nicht lustiger und übermütiger als zur Zeit der schrecklichsten Not. Genial ist er unter allen Verhältnissen. Dunkel scheint ihm vorzuschweben, daß das Mißgeschick des Individuums in dem großen Elend seines Volkes aufgehen müsse. Deshalb keine Klage mehr! Der Humor reißt seine Seele hinweg, er lacht, er weint und weiß nicht weshalb, er stirbt und weiß nicht warum.

Die große Sorglosigkeit des Irländers in England macht ihn natürlich doppelt arm. Die englischen Arbeiter sorgen wenigstens insoweit für die Zukunft, als sie in guten Handelszeiten Kleider und Möbel anschaffen. Aber auch das ist dem Irländer einerlei; er ist damit zufrieden, daß er heute gelebt hat. In Lumpen geht er einher, schmutzig, unheimlich, nur seine Augen strahlen in ewiger Schönheit, und unwillkürlich schrickt man zusammen, wenn sie bald wehmütig-ernst, bald froh und verliebt in die Welt hinausschweifen.

Das »Weiße Haus«, welches ich mit dem Doktor besuchte, liegt in dem älteren Stadtteil, in der Nähe des Kanals, der das Land von Hull nach Liverpool durchschneidet. Es dient allen Unglücklichen als Zufluchtsort, da man für 2 Pence dort sechs Stunden schlafen kann. Es verhält sich damit so: Um 12 Uhr nachts werden aus der Bar, dem zum Rauchen und Trinken eingerichteten Zimmer, alle Stühle und Bänke entfernt. Im Kamine macht man ein tüchtiges Feuer an, fegt die steinerne Flur und legt rings an den Wänden herum Decken und Strohsäcke. Die Gäste, welche nur gekommen sind, um zu trinken und zu rauchen, müssen aufbrechen, und die sich nach Schlaf sehnen, haben für 2 Pence das Recht, sich niederzulegen. Das geschieht sans cérémonie. Männer, Weiber und Kinder ziehen ihre Kleider aus, hängen diese über die Bretterwand der Bar und geben sich gewöhnlich alle Mühe, um die verhängnisvollen sechs Stunden so gut wie möglich zu benutzen. Der Wirt ist nämlich sehr exakt in der Zeit und versäumt nicht, gegen Morgen ein allgemeines Poltern zu veranstalten. Jeder, der nicht gutwillig das Lager verläßt oder noch für weitere drei Stunden einen Penny mehr bezahlt, wird dann mit Gewalt beseitigt. Gewöhnlich stellen sich gegen Morgen neue Gäste, namentlich Betrunkene, die sonstwo übriggeblieben sind, zum Schlafen ein und nehmen das noch warme Lager der eben Erstandenen in Beschlag.

In jener Nacht war die Bar fast ganz besetzt. Bei dem Schein des hellen Feuers konnte ich achtzehn Personen zählen; auch mußten noch einige kleine Kinder unter den Decken verborgen sein, denn bisweilen hörte man ein leises Weinen und Wimmern von feinen, zarten Stimmen. Die meisten Gesichter konnte man deutlich unterscheiden; hin und wieder tauchte auch nur ein Kopf voller Haare aus den Decken. Viel Kummer und Not lag da begraben.

Gleich vornan bemerkte ich zwei Mulatten, mit denen ich schon am Tage vorher Bekanntschaft gemacht hatte.

Kräftige Kerle. Sie verkauften Gebete und Bilder, wie viele Hunderte ihresgleichen, die jährlich als Matrosen oder Schiffsjungen nach England herübersegeln, einige Zeit bettelnd das Land durchirren und dann wieder verschwinden. Neben ihnen lag ein langes, hageres Gesicht, auf dem in tiefen Furchen eine lange Leidensgeschichte geschrieben stand. Es gehörte einem Manne, der ungefähr fünfzig Jahre alt war, vielleicht auch erst dreißig. Wer weiß es? Jedenfalls schien er ein Greis an Not und ein Kind an Glückseligkeit zu sein. Sein Arm lag unter dem Nacken eines Weibes, das mit weit offenen Augen unverwandt ins Feuer blickte. Ein kleines Mädchen kauerte zu den Füßen der Mutter in tiefem Schlafe.

Weiter dem Kamine zu hatte sich eine trotzige Gestalt gebettet. Der arme Teufel schien keine Lust zu haben, sich des einzigen, was ihm im Leben treu geblieben, zu entäußern. Im vollen Schmuck seiner Lumpen lag er nämlich auf dem Strohsack, die Hände über dem Kopf gefaltet, in den Mundwinkeln Spott und Hohn, an seiner Seite einen riesigen Stock. Einige gesunde Köpfe, in denen Gin und Ale fortglühten, lagen auf den Säcken der anderen Seite, auch eine kolossale Schönheit, schwarze Haare über einem roten Gesicht. Sie sang noch halb im Schlafe den Refrain eines Gassenhauers, der Bettler am Kamin lachte, der Wirt fluchte – alles war wieder still.

Während ich die Schlafenden besah, hatte sich der Doktor in ein Nebenzimmer verfügt, um einem armen Geschöpfe in der höchsten Not beizustehen. Der Wirt war untröstlich, daß die Geschichte in seinem Hause vorging. Die Frau hatte sich aber standhaft geweigert, das Zimmer zu verlassen, da sie die gräßlichste Angst vor dem Armen- oder Krankenhause hatte. Ich näherte mich der Tür, da kam mir Mac schon lachend entgegen und versicherte, es sei längst alles glücklich vorüber.

Die junge Frau war mit ihrem Manne, einem Fabrikarbeiter, sechs Wochen lang umhergewandert, ohne Arbeit finden zu können. Da kamen sie nach Yorkshire, um sich weiter nach Manchester durchzuschlagen. Das Geld war ihnen schon früh ausgegangen, und nachts suchten sie gewöhnlich in einer Scheuer oder, wenn sie etwas zusammengebettelt hatten, in einer Schenke letzten Ranges Schutz. Eine Nacht, wie mir der Mann versicherte, brachten sie sogar unter der Brücke einer Eisenbahn zu. Beide hatten diese Lebensweise aber dem Aufenthalt im Arbeitshause vorgezogen, vor dem sie sich so sehr fürchteten, daß sie schon der Gedanke daran mit Abscheu erfüllte. Wir werden später sehen weshalb.

Die Leute, welche in Schenken wie in der »Zum Weißen Hause« vegetieren, betteln entweder oder beschäftigen sich mit dem Verkauf kleiner Artikel, die sie von Haus zu Haus tragen. Sie waren genötigt, ihre Wohnungen aufzugeben; bei Tage stehen sie in den Straßen und lauern auf einen Pfennigverdienst. Frau und Kinder suchen sich selbst etwas, und abends sammelt sich die Familie an einem Orte, der zur Schlafstelle vorher auserkoren ist. Die Bettler sind am besten dran. Die Bettelei wird bald ihr Geschäft, sie kennen dann ihre Häuser, ihre Menschen. Die Schotten verstehen sich am besten auf Bettelei, da sie verschlagen und ökonomisch sind; sehr viele von ihnen sollen nach einem mehrjährigen Aufenthalt in England mit einem kleinen Vermögen ins Vaterland zurückkehren und es dort gewöhnlich sehr gut anwenden.

Die Irländer vertrinken, was sie in die Hände bekommen; arm, wie sie kamen, gehen sie zurück. Man hat daher auch in Liverpool die Einrichtung getroffen, daß jeder Sohn der Emerald Isle frei zurück in seine Heimat spediert wird. Die Schotten betteln mit untertäniger Miene, die Irländer mit lachendem Gesicht, die Engländer mit einem Ernst, der durch Mark und Bein geht. Die Hausierer sind größtenteils Schotten; mit einem Sack auf dem Rücken ziehen sie von Ort zu Ort. Engländer tun dies selten. Irländer fast gar nicht. Paddy ist ein schlechter Krämer; höchstens läßt er seine schwarzäugigen Töchter mit Orangen handeln, und die Augen sind meistens schöner als die Orangen. Einmal kam mir auch der Fall vor, daß ein irländischer Junge, etwa acht Jahre alt, zu mir hereintrat und den Vorschlag machte, ich sollte ihm 6 Pence geben, sein Vater sei sehr krank, er wolle mir auch drei schöne Geschichten erzählen. Die Geschichtenerzähler scheinen sich also nicht allein im Orient aufzuhalten. Der Irländer verstand sich prächtig darauf.

Der zurückgekommene Arbeiter befindet sich stets in der allerschlimmsten Lage. Er ist zu stolz, um zu betteln, zu rechtschaffen, um zu stehlen. In vielen Fällen erlaubt es seine Ehre nicht, sich in ein Arbeitshaus *einschließen* zu lassen; er verkauft, was er hat; hier und da leiht ihm ein Freund eine Kleinigkeit – das hilft nicht mehr; da verläßt er seine Hütte; Frau und Kinder suchen so gut zu leben, wie sie können; er selbst wandert durch die Gassen und wartet, ob ihm der Zufall nicht etwas in die Hände spielt, und am Abend finden wir ihn auf dem Strohsack einer Schenke zwischen Kranken und Trunkenen, zwischen Dieben und Dirnen schlafend sechs Stunden lang für 2 Pence, bis ihn der Wirt aus dem Hause jagt. Und alles das, weil etwa der Handel schlecht geht.

Ich hatte immer gewünscht, die Arbeiter einmal in ihren Wohnungen beobachten zu können. Das wollte aber lange Zeit nicht gelingen. Die Leute sind zu argwöhnisch, namentlich gegen Fremde, und nichts scheuen sie mehr, als wenn man sich um ihre häuslichen Angelegenheiten kümmert. Ein Glas Ale und eine Pfeife tuen indes Wunderdinge, und wenn man beides mit ihnen genossen hat, so werden sie sehr zutraulich. – Der Doktor Mac mußte damals wieder behilflich sein; er brachte mir eine sehr feierliche Miene bei und brauchte mich bei einer Runde durch wenigstens dreißig Arbeiterwohnungen als Gehilfen. Ich muß indes bemerken, daß die Zeit, in der wir diese Besuche machten, eine sehr günstige war. Die Arbeiter der Worsted-Manufakturen waren zwei Jahre lang vollauf beschäftigt gewesen und erfreuten sich eines hohen Lohnes.

Da wir an einem Sonntagmorgen ausgingen, so fanden wir fast alle Familien zu Hause; Männer, Weiber und Kinder; einige noch in den Betten, andere beim Frühstück, viele mit der Zubereitung des Mittagessens beschäftigt und die letzten endlich am Schmause. Die meisten Familien haben eine besondere Wohnung, ein Hausvater, der 18 Schilling die Woche verdient, wohnt nicht leicht mit anderen Familien zusammen. An der Einrichtung der Wohnung kann man fast immer sehen, wieviel Lohn der Arbeiter wöchentlich erhält. Bei 15 Schillingen, was ein sehr mäßiger Lohn ist, bedeckt selten ein Teppich den steinernen Fußboden – nur vor dem Kamine liegt gewöhnlich ein schmaler Lappen –, die Wände sind schmucklos, das ganze Möblement besteht nur aus Tisch, Stuhl und Bett. Bei 20 Schillingen sieht es schon besser aus; auf den Stühlen liegen Kissen, der Teppich, eine in England des Klimas wegen durchaus nötige Sache, ist größer, auf dem Schrank stehen Gläser und Tassen, und an der Stubendecke hängt vielleicht ein Schinken oder eine Speckseite. Bei Leuten, die 30 Schillinge einnehmen, gewahrt man schon einen geregelten Komfort, der sich bis auf kleine Figuren, Tassen und Gläser erstreckt, die das Gesims des Kamines zieren.

Hat ein Vater bereits Kinder, die ebenfalls in Fabriken arbeiten und noch bei ihm wohnen, so ist die Summe des wöchentlichen Lohnes natürlich größer; für Essen und Trinken wird dann besser gesorgt und namentlich am Sonntagmittag etwas Besonderes auf den Tisch gebracht. Bei meinem Besuche fand ich fast überall schönes Weizenbrot zum Frühstück aufgetragen; für den Mittag Beef, Mutton oder Kalbfleisch und einen Krug Ale. Die Kleider der in den Worsted Mills beschäftigten Mädchen waren damals bei weitem besser als die der deutschen Fabrikarbeiterinnen.

Aber ach, all diese kleine Herrlichkeit dauert ja nur, solange der Handel gut geht. Ist es damit zu Ende oder brechen gar Krankheiten oder sonst Unglücksfälle über den Arbeiter herein, da verschwindet bald der Teppich von dem Boden, das Kissen vom Stuhl, der Stuhl selbst und das Bett, und auf dem Tische sucht man vergebens nach Fleisch und Ale. Tausende wandern ins Armenhaus, und die, welche zu stolz sind, sich einschließen zu lassen, und Weib und Kinder nicht aufgeben wollen, stehen in Lumpen an den Straßenecken, damit – der Reiche über sie spotte.

Jawohl, über sie spotte! Denn mehr wie hundertmal hörte ich die sogenannten »respektablen Herren« erklären, die Arbeiter verdienten, geprügelt zu werden, daß es ihnen während einer Handelskrise nicht besser ginge. Die meisten englischen Fabrikanten, welche nach derbem Profit alle schlechten Zeiten glücklich überstehen, verlangen nämlich auch von ihren Arbeitern, daß sie von 20 oder 30 Schillingen ein Erkleckliches zurücklegen, um damit den geringen Lohn einer bösen Handelskonjunktur weniger fühlbar zu machen. Der Arbeiter soll nie Fleisch, Brot oder Ale genießen – er soll wie ein Hund leben, um Handelskonjunkturen zu bestehen!

Aber so sind die meisten englischen Handelsaristokraten. Von offenbarer Schinderei kann natürlich nicht die Rede sein; aber die gesetzlich sanktionierte Scheußlichkeit, jeden Arbeiter als Maschine gebrauchen zu dürfen, ist an der Tagesordnung. Der Durst nach Geld läßt keine menschliche Regung mehr aufkommen; man sucht, die Fäuste des Arbeiters so billig als möglich zu kaufen, und jagt den Kerl zum Tempel hinaus, wenn er nicht länger konveniert. »Wir haben ja keine Verpflichtungen gegen ihn!« – so lautet die ewige Entschuldigung.

Übrigens sind es nicht allein die schlechten Geschäftszeiten, welche den Arbeiter ruinieren, nein, er leidet ebensosehr durch die Willkür seiner Herren und durch die Konkurrenz innerhalb seiner eigenen Klasse sowie namentlich durch jede neue Erfindung, die man macht, um die Hände des Arbeiters durch Maschinen zu ersetzen. Schlechte Geschäftszeiten bleiben natürlich stets die Hauptursache seines Elends, denn sobald der Warenabsatz stockt und es üble Aussichten für die Zukunft unmöglich machen, eine vielleicht schon zu große Produktion noch weiter auszudehnen, fängt man an, täglich einige Stunden weniger zu arbeiten, was eine Verringerung des Lohnes mit sich bringt, und hört endlich ganz zu arbeiten auf, was dann eben keine andere Folge hat, als daß aller und jeder Lohn aufhört und der Arbeiter geradezu auf die Straße geworfen wird, wo man es seinem Scharfsinn überläßt, sich bis zu Beginn einer günstigern Zeit durchzuschlagen.

Durch reine Willkür leidet der Arbeiter insofern, als es dem Fabrikherrn ja ganz freisteht, in seinem Etablissement die lästigsten und infamsten Reglements zu erlassen oder die Löhne selbst in den flottsten Handelszeiten herabzudrücken, sobald er weiß, daß seine Leute aus Mangel an anderweitiger Beschäftigung sich auch unter den billigsten Bedingungen verdingen müssen.

Die Konkurrenz unter den Arbeitern selbst ist der dritte Grund ihres ewigen Unglücks. Es ist schrecklich, wenn man bedenkt, daß Menschen, welche schon von allen Seiten her gedrückt werden, endlich durch die Not gezwungen auch noch übereinander herfallen müssen, um sich die letzten Brocken aus den Fäusten zu winden. Man hat von dieser Konkurrenz unter den Arbeitern selbst keinen Begriff, wenn man sie nicht mit eigenen Augen sah. Ich erinnere mich noch sehr wohl, daß einst ein Leinengarnspinner seine Preise plötzlich heruntersetzte und dadurch größere Geschäfte zuwegebrachte als alle seine Kollegen. Ich konnte nicht begreifen, wie es diesem Menschen möglich war, sein Garn billiger zu verkaufen als jeder andere. Aus Geldnot tat er es nicht, da er ein sehr reicher Mann war. Da ging ich gegen Abend hinaus in die Felder, und siehe da, es begegneten mir mehrere Hundert Irländer mit Sensen und Hacken auf den Schultern, um nach beendigter Ernte in den Agrikulturdistrikten jetzt in die Fabrikgegenden zu laufen, wo sie sich zu billigeren Löhnen als die bisherigen Arbeiter anboten und natürlich akzeptiert wurden, wenn die alten Arbeiter nicht zu demselben Preise tätig sein wollten.

Es war nur zu deutlich, daß jener Leinengarnspinner den ersten Strom dieser unbeschäftigten Leute erhalten hatte, die Löhne verringern, dadurch billiger fabrizieren und mehr verkaufen konnte als jeder andere.

Welchen Einfluß die Erfindung einer neuen Maschine auf die Arbeiterwelt hat, kann man sich daraus begreiflich machen, daß z.B. in der West Riding von Yorkshire 30.000 Menschen allein damit beschäftigt sind, mit der Hand Wolle zu kämmen, die also durch Erfindung einer Maschine, welche diesen Dienst versehen könnte, auf der Stelle außer Brot kommen müssen. Ich führe gerade dies Beispiel an, weil man eben damit umgeht, ein in Sachsen erfundenes System, Wolle durch Maschinen zu kämmen, durch Engländer vervollkommnen zu lassen, so daß fast kein Zweifel mehr ist, daß jene 30.000 Menschen schon in kurzem dasselbe Schicksal haben werden, was seinerzeit den Arbeitern in Manchester durch die Erfindung der Selfactors über den Hals kam.

Die Arbeiter mögen sich daher drehen und wenden, wie sie wollen – nach einer kurzen Zeit der Prosperität geraten sie stets wieder in ihr Elend hinein, in ein Elend, welches, wie es nach jeder Handelskrise z.B. der Fall ist, durch häufigere und gefährlichere Krankheiten Tausende in der Blüte des Lebens hinwegrafft.

Dieses Leiden der englischen Arbeiter ist so fortdauernd, daß man in jeder Zeitung, die sich überhaupt um solche Sachen kümmert, fast jeden Tag auf ein Drama stößt, was sich in dieser oder jener Grafschaft zugetragen hat. Wenn man nämlich eben glaubt, alles Elend müsse sich durch eine allgemeine Besserung des Wollengeschäftes z.B. verlieren, da geht plötzlich in den Baumwolldistrikten, die vielleicht bisher florierten, derselbe Tanz wieder los, der eben in den Wollbezirken endete, und so umgekehrt; und so geht es in allen Branchen, und so geht es von Jahr zu Jahr, und Geschlechter auf Geschlechter gehen zugrunde, um die Wurzeln jenes gewaltigen Baumes zu nähren, auf denen jetzt die Glückseligkeit, vielleicht aber einst auch das Verderben der Reichen wächst.

Es ist rührend, wenn man sieht, wie jene den Arbeiterinteressen gewidmeten Zeitungen nie müde werden, die Leiden jeder Stadt, jedes

Dorfes ans Licht zu bringen, wie sie nicht verschmähen, die kleinsten Details jener Ereignisse aufzunehmen, welche doch endlich den Arbeiter zum Bewußtsein und den Besitzenden zur Verzweiflung bringen müssen.

Sunderland, 14. Septbr.

Gestern vergiftete sich hier der Schmied James Pemberton, 32 Jahre alt. Er hatte eine Frau und vier Kinder und konnte seit verflossenem Januar keine Beschäftigung finden. Um während dieser langen Zeit mit seiner Familie leben zu können, verkaufte er zuerst seine Mobilien, dann seine Kleider, so daß bald nichts mehr übrigblieb, woraus ein Pfennig Geld gelöst werden konnte. Seit mehreren Tagen hatten die Leute nichts mehr zu essen, als was sie von den Nachbarn erhielten, die selbst arme Leute waren und nicht viel geben konnten.

Der Hunger brachte Pemberton zur Verzweiflung; er ging und verschaffte sich Gift, um seinem Dasein ein Ende zu machen. Nachdem er eine große Quantität Laudanum zu sich genommen, erzählte er seinem Weibe, was er getan, und versicherte, nur das Elend habe ihn dazu gezwungen.

Die Frau lief zugleich zu den Nachbarn, die einen Arzt und die Behörde herbeiriefen. Mr. Taylor, Relieving-Officer für den Sunderland-Distrikt, fand die Familie Pemberton im schrecklichsten Zustande. Der Mann lag im Todeskampfe auf dem Strohlager in der Ecke des Zimmers ohne irgendeine Bedeckung. Ein alter Stuhl und ein Tisch waren das ganze Möblement. Seine Frau saß neben ihm, halbtot vor Schreck und Hunger. Die Kinder waren am frühen Morgen davongelaufen. Die ärztliche Hilfe kam zu spät. Pemberton starb im Beisein des Relieving-Officer.

(Northern Star)

Im Januar v.J. wurde Thomas Stew, 20 Jahre alt, des Mordes überwiesen und in Liverpool hingerichtet. Dem Kaplan machte er folgendes Geständnis:

»Ich liebte Alice Nolan seit ungefähr vier Monaten. Sie war ein sehr liebenswürdiges Mädchen, und ich dachte, wir würden einst glücklich miteinander leben. Einen Monat vor ihrem Tode versprach ich ihr, sie in Zeit von fünf Wochen zu heiraten; ich konnte aber mein Versprechen nicht halten, da ich in schlechte Gesellschaft geriet und all mein Geld ausgab (6 Schillinge). Da wir also auf Erden nicht leben konnten, so dachte ich, wir würden im Himmel glücklich miteinander sein. Ich lieh ein Messer, um ihr und mir das Leben zu nehmen. Mit diesem Messer in der Tasche ging ich ihr entgegen, wie ich stets zu tun pflegte, wenn Alice von der Arbeit nach Hause zurückkehrte. Als ich sie angetroffen, setzten wir uns auf eine Bank und sprachen miteinander wie manchen Abend vorher. Sie fragte unter anderm: ›Sollen wir uns am Montag bei Sallys treffen?‹ – Ich drückte sie fester an mich. ›Nein!‹ sagte ich, zunächst werden wir uns im Himmel wiedersehen‹ – und durchfuhr mit dem Messer ihren Hals. – ›O mein geliebter Tom!‹ rief sie und stürzte zusammen. Ich ging meines Weges. Vor dem Hause meines Bruders kniete ich nieder und sagte: ›Ich hoffe, daß sie jetzt im Himmel sein wird und daß wir uns dort treffen.‹ Da durchschnitt ich mit dem Messer meinen eigenen Hals. Ich fiel mit dem Kopf gegen die Tür. Die Tür öffnete sich; ich fiel auf die Hausflur. Dort hob mich jemand empor, ich weiß nicht wer. Ich verlor die Sinne. Als ich im Spital erwachte, standen meine beiden Brüder neben mir.«

(Manchester Guardian)

Thomas weinte bitterlich, als man ihn aufs Schafott brachte, denn es hatte ihm jemand versichert, er würde seine Alice sehr wahrscheinlich nicht im Himmel wiedersehen.

Im April 1844 wurde in London eine Frau Mary Furley des Kindesmordes angeklagt. Sie erzählte vor Gericht:

»Als ich in das Bethnal-Green-Arbeitshaus ging, litt mein ältestes Kind an einer bösen Kopfkrankheit. Es wurde ins Spital gebracht und mir nach einiger Zeit zurückgegeben. Da sich das Übel aber aufs neue zeigte, so befahl man, dem Kinde die Haare abzuscheren. Der Barbier, der diese Operation vornahm, war betrunken und schnitt ganze Fetzen Fleisch vom Kopfe des Kindes. Die Wunden wurden sehr schlimm und blieben so für einige Zeit; als sie endlich geheilt waren, bekam das Kind triefende Augen. Auch bedeckte seinen Leib bald von oben bis unten ein häßlicher Ausschlag, welcher gewiß nur dadurch entstand, daß man dem Kinde im Arbeitshause nur hartes Rindfleisch zu essen gab. Ich bat, man solle ihm Hammelfleisch geben, was aber verweigert wurde. Da entschloß ich mich, das Haus zu verlassen, und nachdem ich von den Wächtern ein Darlehen von 6 Schillingen erlangt hatte, ging ich bei meinen Bekannten umher und sammelte noch einige Schillinge dazu. Ich fand dann Beschäftigung bei einem Hemdenfabrikant; da man aber nur 1 $^3/_4$ Pence für die Anfertigung eines Hemdes bezahlte und ich bei angestrengtem Fleiße nur drei Stück an einem Tage fertigbrachte, so war ich bald gezwungen, diese Arbeit dranzugeben und mich nach etwas Besserem umzusehen. Ich beschloß daher, für mein weniges Geld Bänder zu kaufen, hieraus Mützen zu nähen, sie wieder zu verkaufen und dadurch einigen Unterhalt für mein Kind zu erwerben. Ich ging aus, um dies zu tun. Als ich aber in einen Kaufladen kam, fand ich, daß mein Geld fort war. Ich habe es entweder verloren, oder es ist mir aus der Tasche gestohlen worden. Dies versetzte mich natürlich in die schrecklichste Betrübnis, denn ich hatte jetzt keinen Freund in der Welt mehr, und es blieb mir nichts anderes übrig, als wieder in das Arbeitshaus zurückzukehren. Vor dem Arbeitshaus hatte ich aber einen solchen Abscheu, daß ich es vorzog, mich lieber samt meinem Kinde ums Leben zu bringen.« Die Gefangene hielt inne bei diesen Worten und sprach so leise, daß man nur noch die Worte hörte: »und ich fiel von den Planken der Werft hinab.«

(The Times)

Das arme Weib stürzte sich nämlich mit ihrem Kinde in eine mit Schlamm und Wasser gefüllte Kloake. Das Kind ertrank, die Mutter wurde gerettet, zum Tode verurteilt, begnadigt und nach Van-Diemens-Land transportiert.

Fälle wie die angeführten, wo es ein Mensch vorzieht, durch Gift statt durch den Hunger zu sterben, wo sich ein junger Mann samt seiner Geliebten umbringt, weil ihm 6 Schillinge (2 Taler) zur Hochzeit fehlen, wo sich eine Mutter mit ihrem Kinde in eine Kloake stürzt, um nicht der »öffentlichen Mildtätigkeit« in die Hände zu fallen – solche Sachen passieren so häufig, daß etwa nur die den Volksinteressen gewidmeten Zeitungen, wie der »Northern Star« z.B., aus wirklichem Anteil davon Notiz nehmen oder Blätter wie der »Manchester Guardian« oder die »Times« nur dann darauf zurückkommen, wenn es ihnen entweder darum zu tun ist, irgendeine leere Spalte ihres großen Formats mit einer Mordgeschichte auszufüllen, oder der Vorfall gerade der Art ist, daß er wie die Geschichte der Mary Furley als Argument gegen das neue Armengesetz gebraucht werden kann.

Bei einer Handelskrisis wäre es indes auch unmöglich, alle Unglücksfälle zur Sprache zu bringen; die Berichterstatter der verschiedenen Grafschaften beschränken sich dann darauf, nur die Totalsumme der Menschen aufzuführen, die infolge des größeren Elendes über die durchschnittliche Totenzahl hinaus in diesem oder jenem Monat umgekommen sind.

Dieses Hinsterben und Verschwinden vieler Menschen infolge einer Geschäftsstockung hat etwas Entsetzliches, etwas Grauenhaftes. Ich erinnere mich noch eines Vorfalls, der in Bradford vor meinen eigenen Augen passierte und den ich deswegen jedenfalls erwähnen will, weil er zeigt, wie der Ruin der Kinder in solchen Zeiten am häufigsten vorkommen muß und gewiß am allerwenigsten bemerkt wird.

Ein junger Arbeiter war infolge des Stillsetzens einer Spinnerei außer Brot gekommen. Fünf Monate lang suchte er vergebens nach Beschäftigung. Alle Mobilien mußten verkauft werden, und zuletzt blieben ihm nur zwei sehr schöne Kinder, zwei Knaben, der eine von 2, der andere von 4 Jahren, und eine Frau, die alles Geld, was sie hin und wieder durch Waschen verdiente, in Schnaps versoff und, wie sich der Mann selbst darüber aussprach, »glücklicherweise« auch endlich gar nicht mehr nach Hause kam.

Der Vater saß daher gewöhnlich mit seinen zwei Söhnen allein am kalten Herde. Endlich findet er Arbeit, aber leider 3 Meilen von der Stadt entfernt. Er konnte seine Wohnung nicht gleich dorthin verlegen, weil er mit der Miete des bisherigen Hauses noch im Rückstand war. Am Morgen um 5 Uhr verließ er daher gewöhnlich seine Kinder und kehrte erst gegen Abend zurück. Die beiden Knaben spielten dann den Tag über auf der Straße vor dem Hause. Eine Woche lang ging dies recht gut. Da erkrankten beide Kinder, und wie mir der Doktor versicherte, infolge der vielen Entbehrungen der letzten Zeit. Es fragte sich nun, ob der junge Mann die kaum erhaltene Arbeit wieder aufgeben sollte, um zu Hause zu bleiben und seine Kinder zu pflegen, oder ob er wie bisher am Morgen hinausgehen sollte, um die beiden Kranken volle vierzehn Stunden ihrem Schicksal zu überlassen. Da doch jedenfalls etwas verdient werden mußte, so zog er das letztere vor, indem er sich auf einige Nachbarn verließ, welche versprochen hatten, sich von Zeit zu Zeit nach den Kindern umzusehen. Dieser Zustand dauerte acht oder zehn Tage lang; die Kinder wurden mit jeder Stunde kränker. Da ging ich mit Mac eines Abends in diese

Gegend hinaus; er erzählte mir unterwegs von der Geschichte. Seit dem Beginn der Krankheit, sagte er mir, sei er zweimal täglich hinausgegangen, um den armen Würmern Medizin einzugeben. Das Haus sei immer offen, aber niemand warte den Kindern auf; die Nachbarn schienen sich wenig darum zu kümmern, und alles Kurieren könne nichts helfen; bei dieser Vernachlässigung müßten beide sterben, und es solle ihn sehr wundern, wenn wir das jüngste Kind nicht bereits tot anträfen. Da waren wir an Ort und Stelle. Durch die halboffene Haustür treten wir gleich ins Zimmer. Es war kalt und unfreundlich im Innern. Mac zog seine Schwefelhölzchen hervor und zündete ein Licht an; wir schritten in die Ecke des Raumes, Mac schlug die Bettdecke zurück, und wie er erwartet hatte, war das jüngste der beiden Kinder bereits kalt; das ältere eben im Begriff, seinem Brüderchen in den Tod nachzufolgen.

Mac versicherte mir später, daß solche Ereignisse in seiner Praxis zu den allergewöhnlichsten gehörten. Man kann sich solche Sachen aber sehr gut erklären, wenn man bedenkt, daß in den Fabrikstädten Englands der Wert der Menschen im eigentlichsten Sinne des Wortes mit dem Werte der Kalikos im gleichen Maße steigt und fällt. Stehen die Waren aus Mangel an Vorräten hoch im Preise, da zieht man die Arbeiter heran, um mehr zu produzieren; die Arbeiter bekommen also einen Wert, sie steigen im Preise wie jeder Artikel, den man sucht und nötig hat. Gehen dagegen die Warenpreise niedriger, weil genug Vorräte da sind, da schränkt man die Produktion ein, man entläßt die Arbeiter – die Arbeiter hören auf, ein wertvoller Artikel zu sein, sie fallen ebenfalls im Preise; und hält dies Wertlosesein der Arbeiter längere Zeit an, sind sie, mit andern Worten, durch das Aufhören der Löhne längere Zeit, als dies ein Mensch aushalten kann, auf das Hungern angewiesen, da fangen sie eben samt ihren Kindern an zu kränkeln, und wenn sie dann auch gerade nicht Hungers sterben, so verrecken sie doch wenigstens an den Folgen dieser langen Entbehrungen, was im Grunde ein und dasselbe ist.

Daß es weiter gar keine Sensation macht, wenn die Kinder eines Arbeiters sterben wie die Fliegen, das brauche ich wohl nicht zu versichern. Auf der einen Seite sind die Eltern manchmal nur gar zu sehr mit dem Tode ihrer Kinder zufrieden, weil sie dieselben in üblen Zeiten doch nicht zu ernähren wissen, und auf der anderen Seite beruhigen sich die Behörden gern genug bei diesen Sterbefällen, weil ja, um mit dem gelehrten, angebeteten Malthus zu sprechen, die überflüssige Bevölkerung dadurch auf gute Manier aus dem Wege geräumt wird. Übrigens gilt meine Bemerkung, daß die Arbeiter ihre Kinder manchmal gar nicht sehr beweinen, nur für den Fall, daß die Kinder eben noch sehr klein sind. Haben sie schon ein solches Alter erreicht, um in den Spinnereien gebraucht werden zu können, da ist die Sache bei weitem anders. Sie werden dann ein wahrer Segen der Eltern, indem sie zur Erhaltung der letztern beizutragen gezwungen sind. Diese verkehrte Welt, daß die Kinder arbeiten müssen, während die Eltern zu Hause sitzen, ist eine natürliche Folge der allmählich verbesserten Maschinen, die besser durch die gelenken Finger der Jugend als durch die schon steiferen Fäuste des Alters besorgt werden können. Es kommt daher nur gar zu häufig vor, daß man den Hausvater die kleinen Kinder verwahren sieht, während die Mutter mit den schon etwas herangewachsenen Söhnen und Töchtern in der nächsten Spinnerei den Unterhalt der ganzen Familie erwirbt.

Das Verhältnis eines Fabrikanten zu seinem Arbeiter ist in den meisten Fällen so barbarisch, daß es von dem Verhältnis eines Bauers zu seinem Ochsen wenig verschieden ist. In der Tat, die letztern stehen eigentlich in einem innigern Verhältnis wie die erstern. Außer dem Interesse, was der Besitzer eines Ochsen an der augenblicklichen Arbeit dieses Tieres nimmt, muß ihm auch noch an dem körperlichen Wohlsein seines Zugstieres gelegen sein; er muß ihn konservieren, um ihn desto länger ins Joch spannen zu können. Der Fabrikant sieht dagegen in seinem Arbeiter nur eine Maschine, an deren augenblicklicher Benutzung ihm nur gelegen ist und deren Verschleiß ihm deswegen durchaus gleichgültig sein kann, da sie ja jeden Tag anderweitig, und zwar ohne weitere Kosten, zu ersetzen ist. Wenn der Fabrikant von seinen Arbeitern spricht, da redet er auch niemals von Menschen: er tituliert seine Arbeiter schlechtweg »hands«, Hände.

Die Art und Weise, wie mir einst ein Fabrikant von seiner Reise nach Schottland erzählte, wo er sich ein paar Dutzend starke Menschen geholt hatte, war gar nicht von einem Bericht verschieden, den etwa ein Viehhändler von einer gelungenen Expedition nach Friesland geben würde.

Daß die Fabrikanten bisweilen auch noch ganz mittelalterlich in ihrer Umgebung verfahren, mag daraus hervorgehen, daß z.B. ein Worsted-Spinner fast sein ganzes, sehr bedeutendes Etablissement mit eigenen Kindern treiben soll. Der würdige Mann ist Junggeselle und feierte vergangenes Jahr seinen siebzigsten Geburtstag. Ich kann indes diese Geschichte nicht verbürgen; da aber jeder delikate Handel im schlimmsten Falle durch eine wöchentliche Rente von 2 Schilling und 6 Pence an die Mutter eines unehelichen Kindes auf gerichtlichem Wege zu schlichten ist, so ist der Moralität eines reichen, unverheirateten Fabrikanten eben keine sehr strenge Grenze gezogen.

Es gehen in England wirklich oft so schauderhafte Geschichten vor, daß man nicht anders meint, als in der Türkei oder in China zu sein. Das Schrecklichste, was mir indes zu Ohren kam, fiel im November 1845 in Bradford vor. Ich will dies Ereignis erzählen, weil es mehr als alles andere die Schattenseiten englischer Zustände charakterisiert und weil ich die geringsten Details dieser Affäre als wahr verbürgen kann.

In einem Arbeiterviertel in Bradford starb ein sechs Wochen altes Kind und wurde auf dem Kirchhofe innerhalb der Stadt begraben. Die Mutter dieses Kindes war sehr arm, sie begrub ihr Kind, wie es gewöhnlich die armen Leute in England zu tun pflegen. Sie kaufte nämlich für weniges Geld eine kleine Kiste, legte die Leiche hinein und erkundigte sich bei dem Totengräber, ob nicht sonst jemand in der Stadt gestorben sei, der in den nächsten Tagen begraben werde. Da dies der Fall war, so stellte sie sich mit ihrem kleinen Sarge zur bestimmten Zeit ein, und während man die Leiche eines Erwachsenen hinabsenkte, steckte der Totengräber den Sarg mit dem Kinde zu gleicher Zeit in dieselbe Grube. Dies ist eine alte Sitte in England, von der gewöhnlich die ärmsten Leute Gebrauch machen. Ein eigenes Begräbnis kostet nämlich wenigstens 5 Pfund Sterling; die meisten Leute haben dies natürlich nicht aufzuwenden, und die Leichen der Kinder werden dann bei Gelegenheit mitverscharrt, wofür der Totengräber nur 2 Schillinge in Anspruch nimmt. Das Kind jener armen Frau wurde auf dieselbe Weise zu Grabe gebracht. Eine Woche verfloß, und niemand dachte vielleicht daran, daß von dem begrabenen Kinde je wieder die Rede sein würde. Da verbreitet sich plötzlich das Gerücht, man habe das kleine Geschöpf vergiftet; man erzählt noch allerlei sonderbare Nebenumstände; die Geschichte wird in einigen Tagen das allgemeine Gespräch des ganzen Arbeiterviertels, und die Behörde sieht sich zuletzt veranlaßt, die Sache näher zu untersuchen.

Mein Freund Mac erhielt den Auftrag, das Kind wieder ausgraben zu lassen und es zu öffnen.

Dies geschieht. Während er damit beschäftigt ist, erklärt eine alte Frau, die neben der Mutter des toten Kindes wohnte, der Doktor, der das Kind behandelt habe, sei an seinem Tode schuld. Er habe ihm ein solches Brechmittel eingegeben, daß das Kind im eigentlichsten Sinne des Wortes seine ganze Inside von sich gegeben habe und augenblicklich darauf gestorben sei. Man erkundigt sich, wer dieser Doktor ist, und läßt ihn kommen. Er erscheint, und es findet sich, daß er nicht ein privilegierter Doktor, sondern ein Schreiner ist. Nach einem kurzen Verhör ergibt sich, daß er gewöhnlich Särge macht und nebenbei die Leute seiner Nachbarschaft als Arzt behandelt. Der Richter bemerkt ihm, daß dies sehr verdächtig sei, das Kurieren vertrage sich nicht gut mit dem »Särgemachen«.

Der gute Mann fühlt sich sehr beleidigt; er versichert, diese beiden Handwerke schon seit fünfzehn Jahren mit großem Erfolge betrieben zu haben. Man gibt ihm recht, daß es sehr einträglich sein müsse, zuerst die Leute gegen eine hübsche Gratifikation tot zu kurieren und ihnen dann noch die Särge zu machen. Der Schreiner-Doktor wehrt sich mit Händen und Füßen gegen jeden Verdacht. Da ist Mac mit seiner Untersuchung fertig. Es stellt sich heraus, daß man das Kind zwar nicht vergiftet hat, daß die Quantität des auf einmal eingegebenen Brechpulvers aber so groß gewesen ist, um fast einen erwachsenen Menschen in Gefahr zu bringen, geschweige ein krankes, sechs Wochen altes Kind am Leben zu halten. Ein ungebrauchtes, noch im Originalpapier befindliches sehr starkes Pulver macht dies noch gewisser.

Man wirft also die Frage auf, in welcher Weise gegen diesen Schreiner auf gerichtlichem Wege zu verfahren sei; wie in allen Fällen hatte er auch in diesem, nach Anwendung seiner Brechmittel, den Sarg fabriziert. Der Verdacht eines absichtlichen Verbrechens lag also nur zu nahe.

Man debattiert lange Zeit und wird zuletzt darüber einig, daß nicht genug Beweise vorhanden seien, um die Sache zu einer Kriminaluntersuchung bringen zu können. Das einzige, was man tun könne, sei eine Verfolgung des Schreiners, weil er ohne Erlaubnis die Funktionen eines Arztes versehen habe; da aber ein solcher Prozeß wenigstens 300 Pfund Sterling kosten werde und niemand gegenwärtig sei, der die Rolle eines Verfolgers übernehmen wolle, so sei auch kein Angeklagter da, und man müsse sich darauf beschränken, dem questionierten Schreiner streng ins Gewissen zu reden und ihn vor weiterer Ausübung ähnlicher

Kuren unter Androhung der härtesten Strafen zu warnen. Dies geschieht, und die Sache ist beendigt. Der Instruktionsrichter entfernt sich, der Schreiner geht ebenfalls nach Hause, und Mac packt die Leiche wieder in den Sarg ein.

Ich frage meine Leser, ob man bei einer solchen Geschichte nicht glauben muß, eher in der Türkei als in England zu sein? Aber ich bin noch lange nicht fertig. Bei seiner Untersuchung findet Mac, daß das Kind so sehr an der Syphilis gelitten hat, daß es dennoch schon in kurzem hätte sterben müssen, wenn es auch nie mit den Brechmitteln des Schreiners in Berührung gekommen wäre. Er untersucht deswegen auch die Mutter des Kindes und findet, daß sie schon seit zwei Jahren an derselben Krankheit leidet. Er erkundigt sich nach ihrem Manne – sie ist unverheiratet, hat aber längere Zeit mit einem Eisenbahnarbeiter gelebt – – dieser Eisenbahnarbeiter wird aufgesucht – er ist vor kurzem an demselben Übel, das er Mutter und Kind mitgeteilt, im Spitale gestorben.

Was soll man zu einem Lande sagen, wo solche Dinge möglich sind, wo sie an der Tagesordnung sind? Jawohl, an der Tagesordnung! Denn in England wundert sich niemand mehr darüber.

Daß Mac mir das ganze Ereignis mit der größten Gleichgültigkeit erzählte, als ich ihn unmittelbar nach Beendigung seiner Aventüre beim Händewaschen in seinem Zimmer antraf – das verstand sich von selbst. Mac ist ein Doktor. Aber daß die Presse diesen Vorfall kaum mit fünf oder sechs Zeilen erwähnte, das beweist, daß auch noch andere Leute als Doktoren mehr oder weniger zu Barbaren herabgesunken sind. Übrigens lasse ich meinem schottischen Freunde gern Gerechtigkeit widerfahren; ich glaube nicht, daß ich je wieder einen Menschen antreffen werde, der sich mit einem solchen Heroismus und mit einer solchen Ruhe wie Mac unter dem unglücklichsten und verworfensten Volke der Welt herumschlagen wird. Als ich einst mit ihm in das Bradforder Krankenhaus trat, da richteten sich alle alten Weiber in den Betten empor, um ihren Freund zu begrüßen.

Die Mysterien Bradfords kamen wohl nie besser ans Licht als infolge einer Arbeiterversammlung, in der man den Gesundheitszustand der Bewohner zur Sprache brachte. Man wählte einen Ausschuß, der genaue Nachforschungen über diesen Gegenstand anstellen, die gesammelten Tatsachen dem Publikum im allgemeinen, namentlich aber den einflußreichsten Fabrikbesitzern und Kaufleuten mitteilen und endlich Vorschläge machen sollte, wie man einem Übel abhelfen könne, das inmitten einer der lebendigsten und am meisten prosperierenden Industriestädte des Königreichs zu einem solchen Umfang angewachsen ist, daß die gelindeste Schilderung fast übertrieben erscheint.

Der Ausschuß jener Versammlung ging sofort ans Werk. Man teilte die Stadt in gewisse Distrikte und ließ die Einwohner derselben von einer Deputation von jedesmal drei oder vier Personen besuchen, damit man sich genau davon überzeuge, einen wie großen Teil an Annehmlichkeiten des Lebens die heutige hochzivilisierte Welt dem Arbeiter zuerkennt. Wir finden, daß der Ausschuß seinen Auftrag gut vollzogen hat. Er gab einen Bericht über das Resultat seiner Untersuchungen, aus dem wir einige wenige Fälle anführen, um dem Kontinent eine Idee zu geben, wie es mit den Bradforder Arbeitern bestellt ist.

Der Bericht beginnt mit einer »Adresse der Gesundheitskommission, gewählt in einer zahlreichen Versammlung von Wollkämmern, am Montag, 5. Mai 1845«, in der man zuerst seine Freude darüber ausdrückt, daß das Gouvernement beabsichtige, den beklagenswerten Zustand großer Städte vor das Publikum zu bringen, und daß die Arbeiter in Bradford sich verpflichtet fühlten, das Ihrige zu diesem Zwecke beizutragen.

Es heißt dann wörtlich weiter: »Wir haben hier in der Stadt und in der nächsten Umgebung über 10.000 Wollkämmer, die größtenteils gezwungen sind, Werkstatt und Schlafzimmer an einem und demselben Orte zu haben. Die Art ihrer Beschäftigung nötigt sie, über einem Kohlenfeuer zu arbeiten, welches bei Tage fortwährend in ihrem Zimmer brennt und das man auch häufig die Nacht fortglimmen läßt, um die Arbeit am folgenden Morgen desto mehr zu beschleunigen. Die gefährlichsten und tödlichsten Dämpfe verbreiten sich dadurch in dem geschlossenen, schlecht ventilierten Zimmer und werden fortwährend von den Bewohnern eingeatmet, welche unglücklicherweise kein anderes Eigentum haben als ihre Gesundheit und kein Mittel, um ihre Familie zu unterhalten, wenn die Kraft ihres Körpers bald und rasch schwindet und sie endlich den verheerendsten Krankheiten unterliegen. Ein hinreichender Beweis dieser Tatsachen zeigt sich in dem ausgemergelten Aussehen aller Opfer dieser traurigen Zustände, die stets einen frühzeitigen Tod herbeiführen. Sehr groß ist die Zahl der Witwen und Waisen, die von hier in die Welt hinausgestoßen werden.«

Es folgt dann im allgemeinen eine Schilderung der Plätze und Straßen, in denen die Wohnungen der Arbeiter liegen, sowie ein Aufruf an Prediger, Ärzte und andere einflußreiche Leute, dem Bericht einige Aufmerksamkeit zu widmen und die später zu machenden Vorschläge der Arbeiter zu unterstützen.

In der Aufstellung der Details finden wir Straße und Hausnummer eines jeden berichteten Falles verzeichnet; ferner die Zahl der Familienglieder, die Zahl der Zimmer jeder Wohnung, die Zahl der beschäftigten Personen, die Zahl der Frauen und Mädchen sowie die Dimensionen jedes Zimmers und die Art der Stoffe, welche bei der Arbeit benutzt werden.

Aufs Geratewohl nehmen wir das Folgende aus dem Bericht:

Fall Nr. 6. Kanonenstraße. Familie von 11 Personen. 5 weiblichen Geschlechts. 7 arbeiten im Hause, das aus 3 Zimmern besteht. 6 Personen arbeiten im Schlafzimmer. Schlechte Ventilation. Kein Wasserabfluß. Schweinestall: Schmutz.

Fall Nr. 7. Handelsstraße. Außerordentlich ungesund. Unerträgliche Hitze. 3 Männer und 1 Frau arbeiten in einem Schlafzimmer. 2 Personen, Vater und Sohn, wurden vor einiger Zeit infolge des fortglimmenden Kohlenfeuers am Morgen tot gefunden.

Fall Nr. 13. Daselbst. Dies ist ein Keller mit zwei Abteilungen, 3 Fuß niedriger als das Straßenpflaster. Kein Wasserabfluß. Fortwährender Gestank. Asche und Schmutz vor der Türe aufgehäuft. Ein erwachsener Mann erstickte vor kurzem in diesem Keller.

Fall Nr. 15. Daselbst. Eine Frau liegt todkrank im Bett – in demselben Zimmer arbeiten 4 Personen. Das Zimmer ist 3 Fuß unter der Erde.

Fall Nr. 1–5. Mill-Bank, liegt im untern Teile der Stadt, neben einer Kloake, die sich durch das schmutzige Wasser und den Kot, der aus den nahen Fabriken dorthin geschwemmt wird, allmählich bildete. In der ganzen Gegend herrscht durch das stehende Wasser der fürchterlichste Gestank, die verdorbenste Luft. Hier wird in allen Wohnungen über Kohlenfeuern gearbeitet, und die Menschen sind so zusammengedrängt, daß es für 33 Personen nur 7 Betten gibt.

Fall Nr. 16–18. Die Straße wird hier sehr eng, und außer den gefährlichen Dünsten, die aus der Kloake aufsteigen, leiden die Bewohner auch noch dadurch, daß ihre Häuser von beiden Seiten durch sehr hohe Magazine und Fabriken überragt werden, die fast alles Licht fortnehmen. Fast alle Menschen sind hier krank. In diesen 12 Wohnungen halten sich 95 Personen auf. Sie besitzen 23 Zimmer und nur 24 Betten. 4 Personen also für jedes Bett. In Nr. 6 arbeiteten und schliefen Bruder und Schwester, nur ein Zimmer und ein Bett. Die Schwester ist aber neulich ausgezogen – sie ist schwanger.

Fall Nr. 21–25. Dieselben Übelstände wie vorher. 55 Personen in 5 Wohnungen. 9 Betten; also nicht weniger als 6 Personen für ein Bett.

Fall Nr. 28. Ein Kohlenloch. 4 Personen einschließlich einer Frau schlafen dort. Dieses Loch, genau gemessen, ist 3 Fuß breit, liegt 5 Fuß unter der Erde. Dieses Kohlenloch gehört eigentlich noch zur Victoria-Straße.

Fall Nr. 40. White-Abbey. Ein Zimmer, 4 Fuß unter der Erde. In diesem Loch schlafen in einem Bett, das aus Abfall gemacht ist, 1 Mann, 1 Frau und 4 Kinder – alle krank.

Fall Nr. 83. Daselbst. Ein Zimmer, 5 Fuß unter der Erde. Eine Masse Dreck. Ein Mann mit seiner Mutter, seiner Frau und 4 Kindern schlafen in diesem erbärmlichen Loch in einem Bett.

Fall Nr. 109. Wir fanden 4 Personen in einem Zimmer an der Arbeit. Eine kranke Frau lag im Bett – und ein totes Kind. Alles in einem Zimmer.

Fall Nr. 119. Westgate. Dies ist eine schauderhafte Wohnung. 13 Personen liegen zusammen auf zwei Bündeln Stroh, auf einer feuchten Steinflur. 4 unter diesen 13 Personen sind Frauen. Der Schmutz, das Elend und die Unsittlichkeit an diesem Orte sind fürchterlich.

Fall Nr. 121 und 122 gelten für die ungesundesten Wohnungen in Bradford. In ihnen wohnen die ärmsten und verlassensten Arbeiter. Man gibt eine fürchterliche Beschreibung dieses Ortes. Die Unsittlichkeit ist hier an der Tagesordnung. Männer, Frauen, Knaben und Mädchen liegen halbnackt durcheinander.

Diese wenigen Beispiele aus den hunderten, durchaus ähnlichen, welche der Bericht des Ausschusses mitteilt, mögen zeigen, wie es einesteils mit den häuslichen Verhältnissen der Arbeiter aussieht, und zweitens, in welcher Weise, in welcher Form sich der Gesundheitsausschuß seines Auftrages entledigte. Zu besserem Verständnis des Obigen ist nur noch zu bemerken, daß das Wort »Zimmer« nicht durchgängig einen wohnlichen Raum bedeutet, sondern daß man auch Keller und ähnliche mit Steinen gepflasterte Löcher darunter versteht. Ebenso versteht man unter Betten sehr häufig auch einen alten Teppich, der von einer Wand zur andern gespannt ist und gleich einer Hängematte zum Lager dient, ferner Strohsäcke mit einer Decke darüber usw. Wenn man die Zahl aller in dem Bericht angegebenen Personen und Betten zusammenfaßt, so kommt im Durchschnitt stets auf $4\,^1/_2$ Personen ein Bett.

Der Bericht der Wollkämmer machte einige Sensation, namentlich da die einzelnen Personen des Ausschusses als wahrheitsliebende Männer bekannt waren und außerdem die Angabe der Häuser usw. jeden in den Stand setzte, sich von der Richtigkeit der ganzen Darstellung zu überzeugen.

Nachträgliche Forschungen wurden auch vorgenommen und bestätigten nur zu sehr die Richtigkeit des Berichtes.

Gleich nach Veröffentlichung desselben luden die Arbeiter das Publikum Bradfords zu einer Versammlung auf dem Börsensaale ein, um dort in Gemeinschaft mit den Herren Fabrikanten usw. Beschlüsse zu fassen, wie dem vorhandenen Elend abzuhelfen sei. Es hatten sich etwa 70 bis 80 Personen eingefunden. Die Hälfte derselben bestand aus Arbeitern, namentlich aus Wollkämmern, die den Zustand der Wohnungen untersucht hatten. Sie nahmen die eine Seite des Saales ein. Auf der andern bemerkte man Fabrikanten, Händler, Prediger, Doktoren usw.

Zum Präsidenten erwählte man den Dr. Divinitatis Scoresby, zum Sekretär den Chartisten George White. Eine sonderbare Zusammenstellung! – Von dem vornehmen Geistlichen, dem Herrn Scoresby, ist wenig in der Welt bekannt. Von dem Wollkämmer George White weiß man, daß er schon seit zwanzig Jahren ein unermüdlicher Agitator ist. Er hat die Stimme eines Löwen; sein linker Arm ist steif, mit dem rechten gestikuliert er desto besser. Dr. Scoresby berührte in seiner Rede noch einmal den Inhalt des mehrerwähnten Berichts und erklärte sich damit einverstanden, daß es unangenehm sei, den ganzen Tag über einem Kohlenfeuer arbeiten zu müssen, das die vordere Seite des Körpers in hohem Grade erhitzt, während die durch das geöffnete Fenster hereindringende Luft, namentlich zu rauher Jahreszeit, den Rücken des Arbeiters eiskalt erhält.

Er fand es ferner schrecklich, daß der Arbeiter auch meistens die Nacht im Kohlendampfe liegen muß, und hielt es für wünschenswert, daß seine schlechten engen Wohnungen besser und geräumiger gemacht würden, und da es den Doktor Divinitatis sehr unangenehm berührt hatte, daß die Sterblichkeit in Bradford seit einiger Zeit um 5 Prozent größer war als sonst im ganzen Königreich, so wünschte er auch schließlich den Arbeitern für alle ihre Unternehmungen viel Glück und Segen, nahm dann die Zipfel des Frackrocks in die Hände, setzte sich und lächelte.

Die Arbeiter schwiegen – die andere Seite rief ihrem feinen, frohen Geistlichen den lautesten Beifall zu. Es erhob sich dann ein anderer Gentleman, der nach verschiedenen zarten Redensarten, in denen er sich mit den Ansichten des hochwürdigen Dr. Scoresby einverstanden erklärte, sich dahin aussprach, daß es doch wünschenswert sei zu erfahren, aus welchem Grunde die Arbeiter sich mit der fraglichen Gesundheitsangelegenheit befaßt hätten.

Keiner der Anwesenden verstand augenblicklich, was der Herr meinte, und man ersuchte ihn von mehreren Seiten, sich etwas deutlicher auszudrücken. Der Redner wiederholte daher nochmals, daß er zu wissen wünsche, wie man auf den Gedanken gekommen sei, sich für eigene und fremde Leiden so sehr zu interessieren, daß man Berichte abfasse, Versammlungen anberaume usw.

Da der Redner als ein sehr geistreicher und gelehrter Mann bekannt war, so mußte sich den Arbeitern und einigen anderen Leuten bei dieser zweimaligen Schamlosigkeit doch der Gedanke aufdrängen, daß der Wunsch des Redners eben nur aus vollendeter Schamlosigkeit entsprungen sei, daß er zu den Gesellen gehörte, die es gar nicht begreifen können, wie ein Arbeiter so frech sein kann, seine Leiden aufzudecken, sich zu beschweren, ja zu murren!

Es verbreitete sich daher über der Stirn mancher Anwesenden eine kleine Wolke der Verlegenheit, die bald dadurch verscheucht wurde, daß der ehrliche George White seinen wachsenden Zorn unterdrückte und den vornehmen Pinsel in einigen kräftigen, aber höflichen Worten zurechtsetzte. Die Niederträchtigkeit dieses Menschen war indes doch zu eklatant. An der linken Seite des Saales saßen 40 Arbeiter – zur Hälfte bleich und ausgemergelt, Gram in den Zügen, die Verzweiflung in den Augen –, die vielleicht noch die letzte Nacht auf faulem Stroh geschlafen, in dem Kohlenloch der Victoria-Straße – und dieser Pinsel, der ihnen vor der Nase stand, der in jeder Fratze ein Buch Hiob aufgeschlagen sah, konnte noch fragen, wie man auf den Gedanken gekommen sei, die Not von zehn-, vierzig-, fünfzigtausend Menschen in einer Stadt ans Licht heraufzuziehen!

Einige junge Leute wollten sich daher mit den Auseinandersetzungen des Sekretärs auch nicht zufrieden geben, und einer wagte es sogar zu behaupten, daß man hier nichts anderes zu tun habe, als Mittel zur Abhilfe des Elends vorzuschlagen, und da jedenfalls alle zu erwartenden Leistungen der besitzenden Klasse wie alle Erleichterungen des Gouvernements nicht hinreichen würden, die Kloaken auszutrocknen, den Kohlendampf abzuschaffen, die Wohnungen der Arbeiter umzubauen und diese auf Rosen statt auf faules Stroh zu betten, so schlage er vor, den untern, von den arbeitenden Klassen bewohnten Stadtbettel in Brand zu stecken – – – Man hat mir später erzählt, daß ich selbst diesen Vorschlag machte. – Die Lage der Wollkämmer in Bradford ist noch immer dieselbe.

Das Blumenfest der englischen Arbeiter

Die alte Turmglocke rief eben mit vernehmlicher Stimme, daß es 8 Uhr sei, und die sinkende Sonne setzte hinzu: »8 Uhr abends« – da klopfte es recht tüchtig an meine Tür, und herein trat Freund Jackson.

Ein stattlicher Mann, etwa vierzig oder fünfundvierzig Jahre alt. Er trug ungeheuer große Schuhe, mit Nägeln beschlagen, die Sohle einen Zoll dick. Ferner weiße baumwollene Strümpfe, die bis ans Knie reichten und sich dort in einer braunen Manchesterhose verliefen. Die grüne Weste stand ihm vortrefflich, noch besser aber der schon etwas abgetragene schwarze Frack, mit einer roten Tulpe im Knopfloch. Jackson behielt den Hut auf dem Kopf und die Hände in den Hosentaschen.

»Trinkt Ihr gerne Punsch?« fragte er mich und »Liebt Ihr die Blumen?« und »Wollt Ihr mit in die ›Alte Hammelsschulter‹ gehen?« – Die »Alte Hammelsschulter« ist aber eine Schenke am Abhange des nächsten Hügels.

Zu allem war ich bereit, und rasch eilten wir die Gasse hinunter. Um 8 Uhr abends auf den Gassen – in einer Fabrikstadt!

Da kann man vielerlei sehen.

Rechts und links öffnen sich die großen Türen der Magazine, der Werkstätten, der Fabriken, und in einem Augenblick sind die sonst so stillen Straßen voll von heimkehrenden Arbeitern. Man denke sich aber keine lustige Menge, die nach geschehener Arbeit jubelnd ins Freie stürzt, gleich einer Bande ausgelassener Jungen, die, der Schule und dem Stock des Magisters entlaufen, hurtig der Freude den Zügel schießen läßt – nein, die Knaben und Mädchen der Fabriken schleichen stumm und traurig ihrer Freiheit entgegen, denn ein Tag der angestrengtesten Arbeit hat ihre Füße gelähmt, ihre Arme zerschlagen, ihren Sinn verwirrt, und wie ein Alp reitet die Müdigkeit auf ihren armen Seelen. – Und nun die Männer und Frauen! Tiefer Ernst liegt auf ihren Gesichtern; und die Gesichter sind dunkel, schmutzig; nur hin und wieder hat ein voller, schwerer Schweißtropfen, der über Stirn und Wangen rieselte, eine weiße Straße in das staubige Antlitz gefurcht. Die Männer sprechen miteinander – keiner sieht den andern dabei an –, die Köpfe sind gesenkt, und die Augen starren auf das Pflaster der Gassen.

So wandern sie vorwärts. Vielleicht werfen sie einen Blick auf die Pracht der Kaufläden, in denen eben beim Glanz von tausend Lichtern alle Wunder der Industrie zu schimmern anfangen. O die prächtigen Tücher, die feinen Spitzen, die schweren Atlasstoffe! Wie das flimmert und blitzt! Und dort die goldenen Uhren, die silbernen Schüsseln und die weichen Sessel, und drei Schritte weiter: wie es dort dampft und duftet! Da nicken die gebratenen Tauben zum Fenster hinaus, und rechts und links freundliche Rinderkeulen und Enten und ander verstorbenes Federvieh bescheiden im Hintergrund, in reizenden Gruppen. O schmackhafte Welt! O du zerlumpter, hungriger Arbeiter! – Rasch schreitest du vorüber. Die seidenen Tücher wehen – nur nicht für dich.

Die Schüsseln blitzen – nur nicht für dich! Und Tücher und Schüsseln hast du doch selbst geschaffen – und einer gebratenen Ente ist es einerlei, ob sie im Magen eines Schurken oder eines ehrlichen Mannes begraben wird.

Dort an der Straßenecke stockt plötzlich der Zug der Vorübergehenden. Die Vordern bleiben stehen; die Folgenden müssen ebenfalls halten, und bald stehen Männer, Weiber und Kinder in einem dichten Haufen zusammen.

Aller Augen richten sich nach einem Anschlagzettel, der von der Wand des nächsten Gebäudes herunterhängt.

Es wird sehr still in dem ganzen Kreise. Da, mit einem Male entsteht ein Murmeln. Der größte Teil der Arbeiter kann nicht lesen – die Gelehrteren teilen ihren Kameraden daher den Inhalt des Plakats mit. Das Murmeln wird immer lauter; Männer und Kinder sprechen durcheinander, die Weiber flüstern und machen bedenkliche Gesichter. Manche der Lauschenden setzen ihre Töpfe oder Körbe, in denen sie das Mittagessen, den Tee oder Kaffee mit sich führten, zur Erde; und hin und wieder ballt sich eine kräftige Hand zur drohenden Faust; auch die Augen werden lebendiger – sie blitzen, sie leuchten –, man sieht, die Leidenschaft zieht plötzlich in jede Brust ein – spät am Abend setzt sie die Geister jener Müden noch einmal in Flammen.

Wehe, wenn diese Geister erst zu vollem Bewußtsein erwachen! Es rollt ein düstrer Fluch von Mund zu Mund – dann ein Lachen – Zorn und Spott zuckt durch die bleichsten, die ältesten Gesichter – der Haufe stiebt auseinander. Wovon sprach wohl jener Anschlagzettel? –

Jackson machte ganz gewaltige Schritte. In Zeit von zehn Minuten hatten wir schon die dumpfige Stadt hinter uns. Die dumpfige Stadt! Ewig eingehüllt in den dichtesten Kohlendampf, so daß man eine halbe Meile von den ersten Häusern auch kein Dach bemerkt. Nur am Sonntag wird es plötzlich hell, oben über der Stadt; aber nicht in den hunderttausend Köpfen da unten!

An jenem Abend aber, der kein Sonntagabend war, spien ein paar Hundert schlanke Fabrikschornsteine ihren letzten Rauch gen Himmel. Wir konnten daher schon von der Hälfte des Hügels aus fast kein Haus unten im Tale unterscheiden. Unten totale Finsternis, oben auf den Hügeln aber der herrlichste Abend!

Das Grün der Felder leuchtete in den letzten Strahlen der Sonne, in den Büschen wurden die Vögel noch einmal lebendig, dazu stürzten sich die Bäche rauschend in die Tiefe hinab und blitzten und funkelten, daß meinem Freund Jackson vor lauter Lust und Vergnügen die Augen schier übergingen – ach, und der große Yorkshire-Mann fing an zu singen, plötzlich, und brüllte – o Jackson! Da standen wir vor der Schenke »Zur alten Hammelsschulter«. In dieser Schenke hielten die Arbeiter eines gewissen Bezirkes der Grafschaft York ihr erstes diesjähriges Blumenfest.

Mit diesen Blumenfesten verhält es sich aber folgendermaßen.

Jeder Arbeiter, der aus dem Schmutz der Städte, aus dem Rauch der Fabriken, aus dem Dunst der Branntweinstuben – aber auch aus den Wogen einer Volksversammlung, aus der Wut einer Emeute den zarten Sinn, die Liebe zu einer Blume rettete, sucht entweder neben seiner Wohnung oder in dem Garten irgendeines Freundes einen kleinen Platz, den er sorgfältig mit Hacke und Spaten bearbeitet, den er noch sorgfältiger düngt, den er mit Latten und Stöcken gegen alles Ungemach zu schützen sucht und dem er seinen teuer erkauften Blumensamen, seine Tulpen- oder Hyazinthenzwiebeln anvertraut.

Kommt dann der Frühling heran, so verständigen sich diese blumenliebenden Arbeiter über einen Tag, an dem sie sich gegenseitig mit dem Resultat ihrer Gartenkunst bekannt machen wollen. Für die erste Zusammenkunft wird gewöhnlich die Tulpe bestimmt, für die zweite die Ranunkel, für die dritte und letzte die Aster und Georgine. Außerdem zahlt jeder einen Schilling in eine gemeinschaftliche Kasse, aus der die vorkommenden Kosten wie Miete des Saales, worin die Blumen ausgestellt werden, Honorar für die Blumenrichter und andere Sachen bestritten werden. Den Rest des Geldes verwendet man zum Ankauf eines Geschenkes für denjenigen, der die schönste Blume aufzuweisen hat. Diese Blumenausstellungen oder Blumenfeste werden in vielen Teilen Englands, namentlich aber in den nördlichen Provinzen jährlich dreimal von den Arbeitern gehalten. Sie stehen unter keiner höheren Protektion. Diese Blumenliebhaberei hat sich rein aus dem Volke entwickelt. Die Bourgeoisie weiß wie von so vielen andern Dingen nichts, so auch nichts von dieser poetischen Leidenschaft der Arbeiter. Wie könnte es auch einem respektablen Mann einfallen, sich in die »Alte Hammelsschulter« zu verirren!

In dieser Schenke hatte man einen Saal oben im Hause für den Tag gemietet. Das Zimmer war voller Menschen. Aber welche Menschen! Prächtige Kerle, in Schmutz, Staub und Lumpen gewickelt, und dann ein gewaschenes Gesicht und jetzt ein neuer Hut auf einem unternehmenden Kopfe und weiter ein paar Lenden und ein paar Fäuste und eine Brust, ein Schädel – ein Bursche, der dreißig Mann hintereinander niederboxen würde; aber auch recht verkommene Gesellen reckten sich in die Höhe; Leute, an denen die Not schon lange Zeit still genagt hatte, die vielleicht eben erst gesenkten Hauptes aus den Fabriken schlichen, wo sie zwölf Stunden gearbeitet, wo ihnen zwölf Stunden lang eine rasselnde Maschine das Jubellied der Industrie gesungen – und den eigenen Grabgesang.

Mochte der Staub ihrer Kleider, mochte die Furche auf mancher Stirn verraten, daß die ganze Gesellschaft dieser Blumengenossen eben nur Sklaven, arme Teufel, Gassenbuben und Lumpen waren – in dem Benehmen eines jeden, in der Art, wie sie miteinander sprachen, wie sie mir, dem Fremden, entgegentraten und mich bald freundlich, bald keck und herausfordernd anschauten, lag doch der Ausdruck jenes Bewußtseins, das einen Mann inmitten des gräßlichsten, aber unverschuldeten Elends, inmitten der tiefsten Verworfenheit trotz Staub und Fetzen zu einem Helden stempelt, jenes Bewußtsein der guten Fäuste, des guten Rechts und des unerschütterlichen Willens! – Und sind das nicht Helden, die vierzig, fünfzig, sechzig Jahre leben wie englische Arbeiter! Oh, wer beschreibt die Langmut des Volkes!

Unsere Blumengenossen lagen aber wie die lieben Heiden auf den Bänken herum; wer einen Rock besaß, hatte ihn ausgezogen und an die Wand gehängt. Jeder hielt eine irdene Pfeife im Munde und trug das Seinige dazu bei, den erschrecklichsten Kellergestank, der durch den Saal wogte, noch mehr zu befördern und zu verdichten. In der Mitte des Zimmers stand ein großer Tisch, auf dem in vielen kleinen Gläsern die herrlichsten Tulpen prangten, denn die Tulpe war es, welche man an jenem Tage in die Schranken führte. Es waren schöne Blumen, die in den Gläsern standen. Zuerst die einfarbigen, dann die gesprenkelten, hierauf die gestreiften und endlich einige Exemplare, die von der Natur mit ausnahmsweise sonderbaren Reizen ausgestattet waren. Ich hatte mich kaum mit all diesen Herrlichkeiten bekannt gemacht, als sich sämtliche Zuschauer von dem Tische entfernten und ebenfalls ihren Platz auf den Bänken im Hintergrunde des Zimmers einnahmen. Der größere Teil der Gesellschaft schien dort den weitern Verlauf des Festes schon seit längerer Zeit ängstlich abzuwarten.

Der Augenblick der Entscheidung rückte heran; dann, als alles niedersaß und bald um den Tisch herum ein freier breiter Raum war, öffnete man rechts und links die Türen des Saales, und herein spazierten würdig und freundlich die zwei höchsten Blumenautoritäten, die zwei berühmtesten Blumenkenner und -richter der Grafschaft York.

Ein Scharren, Murmeln, ein »Oh« und ein »Ah« der Gesellschaft, kurz, ein Getöse, das, zu dem sonderbarlichsten Wohllaut anschwellend, sich nur langsam in melodischen Kadenzen wieder verlor, zeigte hinreichend, wie sehr man die Gegenwart jener zwei ausgezeichneten Männer zu würdigen wisse. – Die Blumenrichter näherten sich dem Tulpentische. Ich meine, ich sähe die beiden Herren noch jetzt vor mir stehen. Der eine erfreute sich einer unendlich langen, dünnen Figur; ein kompletter Spazierstock, oben mit einem dicken Kopf darauf! Seine rote Nase leuchtete im Abendlichte, das durch die Fenster schaute; seine Hände saßen wie festgewachsen in den Hosentaschen, und die Beine schlenkerten durch den Saal, als ob sie die größeste Lust verspürten, sich jeden Augenblick von ihrem Eigentümer zu entfernen. Er stolperte den Tulpen entgegen, die alle seine Aufmerksamkeit in Anspruch zu nehmen schienen, denn kein Gruß klang von seinen Lippen, als er ins Zimmer trat; er schien die ganze Versammlung gar nicht einmal zu bemerken; auch hielt er die Augen fest geschlossen, und nur ein lustiges Blinzeln und Blitzen, das durch die buschigen Wimpern brach, zeigte deutlich, daß ein enthusiastischer Kerl herantaumelte.

Soll ich nun die Kleidung des Mannes schildern, so muß ich gestehen, daß sein Rock erschrecklich zerrissen war, daß seine Hose in früheren Jahren einmal ganz, seine Schuhe einmal erträglich gewesen, jetzt aber den Weg alles Irdischen zu wandern schienen; daß ferner das liebe Tageslicht sich in aller Glorie durch die Löcher des Hutrandes drängte, daß aber das Hemd des großen Blumenrichters blendend weiß war und aus den Brustfalten einen frischen Blumenstrauß hervorschauen ließ.

Die ganze Erscheinung hatte etwas Lumpig-Geniales, etwas Rührend-Lächerliches, was den Griffel eines Hogarth, eines Cruikshank, eines Hasenclever sofort in Bewegung gesetzt haben würde. »Seht Ihr«, sagte Jackson und klopfte auf meine Schulter, »das ist so ein Erzblumennarr. Ich habe freilich auch einen kleinen Hieb von dieser Liebhaberei und hänge im Frühjahr, wenn das Gras wieder aus dem Boden schaut, gewöhnlich mein eigentliches Geschäft an den Nagel, um Botanik zu treiben, das heißt: ich höre auf, Wolle zu kämmen, und werde ein Gärtner – aber so weit wie dieser Herr Richter habe ich es nie gebracht.

Meine Blumenliebhaberei bringt mir auch noch Geld ein; denn verdiene ich auch nicht soviel damit wie mit dem Wollkämmen, so habe ich doch wenigstens meinen Tagelohn, und der Aufenthalt im Grünen und die große Freude, welche mir die kleinste Pflanze macht, entschädigen mich so reichlich, daß ich gern mit allem zufrieden bin. Dieser Herr Richter, das versichere ich Euch, treibt aber den Blumenspektakel aus den uneigennützigsten Absichten.

Diesem Manne ist es nicht um Geld zu tun, nein, es ist reine Liebe zu den kleinen, lieblichen Dingern, die man Blumen nennt; es ist das Entzücken über die erste junge Blüte, was ihm mit unwiderstehlicher Gewalt das Werkzeug aus den Händen zieht und ihn hinaustreibt in die Felder, wo er oft tagelang umherirrt, bis ihn der Hunger wieder nach Hause zwingt. Oft verläßt er schon im Anfang April seine Wohnung und läuft auf die nächsten Dörfer. Gott weiß, wie er sich durchschlägt, denn Geld hat er nie bei sich. Aber die Bauern kennen ihn und lassen ihn die Nacht in irgendeiner Ecke schlafen; manchmal können sie auch seine Blumenkenntnisse benutzen und geben ihm dann zu essen und zu trinken.

So taumelt er weiter von Feld zu Feld, von Garten zu Garten. Einer von unsern Leuten fand ihn vorgestern bei Halifax hinter einer Hecke und brachte ihn natürlich hierher, denn auf sein Urteil kann man sich verlassen; er ist ein weiser, angesehener Mann, und wir geben ihm viel zu essen und 18 Pence per Tag extra.«

Dann machte mich Jackson auf den zweiten Blumenrichter aufmerksam. Er war von dem ersten, länglichen sehr verschieden, denn er war ein Grobschmied, groß und breit, wie fast alle Leute seines Zeichens. Auch in seiner Kleidung übertraf er den Herrn Kollegen bei weitem, denn er war von oben bis unten fein schwarz wie ein Pastor angezogen, er trug sehr reine Wäsche und weiße baumwollene Handschuhe, dazu war sein Gesicht sorgfältig von Staub und Ruß gesäubert, und auf dem glattgestrichenen stahlgrauen Haar saß in schiefer Richtung ein kleiner Hut mit sehr schmalem Rande. Wenn man den Mann zuerst sah und hörte, daß er ein Grobschmied sei, so mußte man unwillkürlich voraussetzen, daß er sich in seinem feinen Gewande nicht wohlfühlen könne und daß namentlich die riesigen Arme und die großen Hände wohl besser mit Hammer und Amboß umzugehen wüßten als mit zarten Tulpen, Rosen und Aurikeln. Wie erstaunte ich aber, als die gewaltige Figur des sinnigen Grobschmieds plötzlich in die lebendigste und artigste Bewegung geriet, als er in den gewähltesten Ausdrücken und mit einer bald lispelnden, bald volltönenden Stimme der Versammlung erklärte, daß jene rote Tulpe »Diana« sich dieses Jahr ausnehmend schön entwickelt habe, daß die gesprenkelte »Amsterdam« beinah die gestreifte Schwester »Antwerpen« an Lieblichkeit übertreffe und die blaßgelbe »Desdemona« mit der rotpunktierten »Hochland Mary« dieses Jahr kühn in die Schranken treten könne.

Dazu gestikulierte er mit einer Anmut und bewegte das feiste Unterkinn, indem er es bald tief in das Halstuch zurückzog, bald graziös darüber hin agierte, mit so vielem Ausdruck, daß Freund Jackson mir ein über das andere Mal versicherte, dieser Grobschmied sei ein ganz verdammt netter Kerl.

Beide Blumenrichter waren indes damit beschäftigt, sämtliche Tulpen noch einmal zu überschauen. Schon am Nachmittage hatten sie einzeln die Ausstellung prüfen müssen, und es kam jetzt nur noch darauf an, daß sie sich über die schönste Tulpe miteinander verständigten. Dies mußte in Gegenwart der ganzen Gesellschaft geschehen. Nachdem die beiden Richter sich daher voreinander verneigt und sich feierlich begrüßt hatten, nahm der erste, längliche das Wort.

Gerne führte ich jene wunderbare Blumenrede hier wörtlich an; aber wie soll ich damit zustande kommen? Wie soll ich jenen breiten, höchst komischen Yorkshire-Dialekt im Deutschen wiedergeben, und wie könnte es mir vor allen Dingen einfallen, jenen Zauber nachahmen zu wollen, der wie ein rätselhafter Blütenstaub auf jedem Worte des phantastischsten aller Blumennarren lag? Genug, der große Richter, steif dastehend, mit geschlossenen Augen und nur bisweilen verstohlen blinzelnd, sprach eine Viertelstunde lang, sprach von dem Herannahen des Frühlings, von rauschenden Linden, von duftenden Rosen, bis man zuletzt nicht anders meinte, als mitten in einer prächtigen Laube zu sitzen, auf dem Gipfel der lustigsten Terrassen, die von Wein und Efeu umrankt hoch über lachenden Gärten schwebten, als raunten einem sämtliche Büsche und Bäume ganz verzweifelt komische Geschichten ins Ohr und als müßte man zuletzt laut aufjauchzen vor lauter Spaß, und – laut jauchzte auch die ganze Gesellschaft auf, als der Richter endlich mit einigen mystisch gemurmelten Worten seine Rede schloß und die blaßgelbe »Desdemona« für die schönste Tulpe des Jahrhunderts erklärte.

Überwältigt von dem Glanz seiner eigenen Rede sank der dünne Blumenrichter erschöpft auf die nächste Bank, die Arme schlüpften wieder in die Hosentaschen, die kleinen blitzenden Augen schauten aber unverwandt nach der blaßgelben »Desdemona«, der schönsten Tulpe des Jahrhunderts.

Jetzt trat auch der zweite Richter, der Grobschmied, in den Vordergrund des Saales. Er räusperte sich dreimal, zog das feiste Unterkinn dreimal hinter das Halstuch und machte dann noch drei Bewegungen mit dem gewaltigen Haupte, als folge er dem Takt einer in der Ferne verklingenden Melodie.

Als dies geschehen, zog er das Antlitz in sehr ernste Falten und sprach im Baß: »Well!« – »Wohl!«

»Geliebten Freunde! Schmerzlich berührt es mich, daß mein teurer Herr Kollege, dessen meisterhafte Rede uns noch soeben mit dem höchsten Entzücken erfüllte, mit seiner Wahl auf die zwar sehr vollkommene, aber doch nicht untadlige blaßgelbe ›Desdemona‹ gefallen ist. Ich beuge mich vor den großen Kenntnissen meines Gegners, vor seiner tiefen Einsicht in das stille, wunderbare Leben der Pflanzenwelt und muß gestehen, daß es wohl niemand in ganz Alt-England gibt, der mit einer gleich innigen Liebe die holdesten Töchter der Natur umfaßt und besser mit all ihren Reizen vertraut ist als mein geehrter Herr Kollege.« – (Allgemeine Sensation und »hört! hört!«) – »Ich kann es daher auch nur seiner stürmischen Begeisterung, die ihn hingerissen und ihn, den sonst so Urteilfesten, aus dem Sattel geworfen hat – ich kann es nur seiner zu großen Liebe zuschreiben, daß er gleich einem Blinden an dem wahrhaft wahrhaftigen ersten und einzigen Tulpenjuwel vorübergegangen ist, ohne erschrocken stehenzubleiben und auszurufen: O ›Trafalgar‹, Sieg und aber Sieg! ›Trafalgar‹, du bist die erhabenste unter den Tulpen!« – (Allgemeine Aufregung, »hört! hört!«) – »Freunde, meine Freunde!« – und da griff der Grobschmied in die Mitte des Tulpentisches und zog eine braune, sehr stattliche Tulpe mit roten Flammen hervor. – »Seht hier, ›Trafalgar‹! Die lieblichste Blume, so je die Sonne Englands gezeigt!«

Der Grobschmied hob sein Tulpenjuwel hoch empor. Die ganze Gesellschaft sprang von ihren Sitzen, und alles drängte sich herzu, um das Wunder zu beschauen. – Sonderbarerweise schien die Wahl des Richters aber gar keinen Anklang zu finden. Eine braune Tulpe mit roten Flammen, das war ja etwas sehr Gewöhnliches. Viele Gesichter der Umherstehenden wurden lang und länger und mürrisch, und man murrte wirklich, und einige lachten, und andere spotteten, und das Antlitz des ersten, dünnen Richters, der die »Desdemona« auf den Schild erhoben, bekam plötzlich einen sehr todesverächtlichen, grinsenden Ausdruck, auf dem man deutlich lesen konnte, daß es dem Herrn Richter vielleicht nicht unangenehm sein würde, wenn der Grobschmied plötzlich eine sehr entschiedene Niederlage in der öffentlichen Meinung erlitte.

Der Grobschmied, seines Sieges gewiß, ließ sich aber von alledem nicht irremachen, sondern fuhr fort: »Das Schöne blüht manchmal im Verborgenen. Töricht wäre es, sich stets an die äußere Erscheinung der Dinge zu halten. Man forsche nach – da werden sich erst die rechten Wunder den Sinnen erschließen! Und so, mein geehrter Herr Kollege« – da wandte sich der Grobschmied an den langen Richter –, »werdet Ihr freilich äußerlich nichts Vortreffliches an dieser Tulpe entdecken; habt aber jetzt einmal die Güte, Eure ehrenwerte Nase mit meiner ›Trafalgar‹ in Berührung zu bringen und mir aufrichtig zu gestehen, ob nicht ein gewisses Etwas Euch sofort die süßeste Empfindung verursacht. Tretet näher!« Der lange Blumenrichter folgte der Einladung des Grobschmieds. Ein ungläubiger Thomas, schwankte er aber nur sehr langsam heran, und erst, als man ihn noch mehrere Male ersucht hatte, bog er den langen Oberkörper weit vornüber, so daß seine Figur einen vollkommenen rechten Winkel bildete und endlich seine rote Nase mit der rotgeflammten Tulpe Bekanntschaft machte. Die umherstehenden Blumenfreunde, welche recht gut wußten, daß die Tulpe zwar ein Schmaus für das Auge, keineswegs aber für die Nase ist, konnten den ganzen Vorfall nicht recht begreifen; sie stellten sich in einen dichten Kreis um die zwei Blumenrichter und warteten ängstlich auf den Ausgang der Geschichte. Einige Sekunden lang herrschte rings im Saale die tiefste Stille. Da hob sich der lange Blumenrichter endlich feierlich empor, drehte sich rings im Kreise herum – eine Träne rollte durch die halbgeschlossenen Augenwimpern –, und mit zitternder Stimme lispelte er: »Veilchenduft!«

Jawohl, Veilchenduft. – Die Tulpe »Trafalgar«, unscheinbar von außen, beherbergte den süßen Duft eines Veilchens in ihrem Kelche. Dieses Ereignis, dieser Zufall setzte die Blumengesellschaft in nicht geringes Erstaunen. »Veilchenduft! Veilchenduft!« tönte es von allen Seiten, und in demselben Augenblicke war man darüber einig, daß der Tulpe »Trafalgar« der Preis gebühre. Alle Anwesenden, welche sich während der letzten halben Stunde sehr ruhig verhalten hatten, ließen nun ihrer Lustigkeit freien Lauf.

Der Grobschmied freute sich, daß er die duftende Tulpe aus einer so großen Menge herausgefunden hatte; die Blumenfreunde waren sehr damit zufrieden, daß endlich die Debatten vorüber und daß man sich jetzt dem mehr substantiellen Teil des Festes näherte; der lange Blumenrichter aber geriet über das seltsame Tulpenereignis in eine solche Gemütsstimmung, daß er wie von Taranteln gestochen im Zimmer umhertanzte. Der Glücklichste von allen blieb indes mein Freund Jackson, da er der Aussteller der Tulpe »Trafalgar« war und somit den diesjährigen Preis für die schönste Blume erhielt. Dieser Preis war aber ein großer kupferner Kessel!

Die Sonne hatte sich inzwischen davongemacht, ein zartblauer Nebel flutete über die Berge. Da kam die Nacht, und im Saale der Blumenfreunde mußte man die Kerzen auf zwei alten Kronleuchtern anzünden. Als dann auch die Tulpen an die Frauen und Töchter der Anwesenden verschenkt und die Tische näher zusammengerückt waren, eröffnete der Kassaführer der Gesellschaft, daß nach Abzug aller gehabten Kosten noch soundso viel Münze vorrätig sei, die nach seiner bescheidenen Meinung nicht besser verwandt werden könne, als wenn man dafür einen kleinen Punsch bereiten lasse und diesen in dem neuen Kessel des allgemeinen Freundes und Siegers Jackson auf den Tisch bringe.

Diese Proposition wurde natürlich mit großer Stimmenmehrheit angenommen.

Man setzte sechs Gläser auf den Tisch, die stets aufs neue mit dem dampfenden Getränk gefüllt wurden und gleich der Reihe nach ausgetrunken werden mußten. Als die Reihe etwa zum zehnten Male an mich kam, flüsterte mir Jackson ins Ohr, es sei jetzt wohl Zeit, daß er mich an die frische Luft setze; und da ich nichts dagegen hatte, so war ich bald auf dem Heimweg.

In der Schenke »Zur alten Hammelsschulter« öffnete man aber die Fenster, denn die Nacht war gar zu köstlich.

Die Sterne funkelten so lustig, als freuten sie sich über die armen kleinen Menschen da unten auf der Erde, über die Arbeiter in Yorkshire, die trotz aller Tyrannei dennoch so herrliche poetische Feste feiern.

Jawohl, poetische Feste! – Denn ist ein Blumenfest englischer Arbeiter auch nicht der Feier ähnlich, die jährlich die französische Jugend zum Andenken an Clémence Isaure veranstaltet, wo es silberne Lorbeerkränze, Becher und andere Kostbarkeiten regnet und wo mancher Poet seine klingendsten Sonette singt, so ist das viel einfachere Blumenfest doch von um so viel größerer Bedeutung, weil es ohne allen äußern Anlaß aus dem Volke entsprungen ist. Darin liegt denn auch ein Beweis, daß der Arbeiter neben seiner politischen Entwicklung noch einen Schatz von warmer Liebe für die Natur in seinem Herzen bewahrt hat, eine Liebe, welche die Quelle aller Poesie ist und die ihn einst in den Stand setzen wird, eine frische Literatur, eine neue, gewaltige Kunst durch die Welt zu führen.

Rede auf dem Freihandelskongreß in Brüssel

»Meine Herren, es ist in diesen beiden Tagen von beiden Seiten sehr viel Teilnahme für das Wohl der arbeitenden Klassen an den Tag gelegt worden, und der Einfluß, den die Einführung des Freihandels auf ihr Los haben wird, soll sogar heute den ausschließlichen Gegenstand der Besprechung bilden. Es kommt mir aber etwas wundersam vor, daß ich in diesem Saale bisher einen Vertreter der Arbeiter nicht gesehen habe; nur die Bourgeoisie (die höhere, bemittelte Bürgerklasse) hat ihre Abgeordneten hierher geschickt. Frankreichs Bourgeoisie hat einen Pair, Englands Bourgeoisie hat mehr als ein Parlamentsglied, Belgien sogar einen ehemaligen Minister hierher gesandt; selbst Deutschlands Bourgeoisie ist in einer ihrer Stellung unter den industriellen Völkern Europas ganz angemessenen Weise vertreten; aber wo sind die *Sprecher der Arbeiter*? Erlauben Sie mir daher, meine Herren, *im Namen der Arbeiter* das Wort zu nehmen.« (Beifall.) »Ich fordere es im Namen der Arbeiter und besonders der 3 Millionen englischer Arbeiter, in deren Mitte ich mehrere der fruchtreichsten Jahre meines Lebens verbracht und deren Erinnerung stets eine der teuersten meines Herzens sein wird.« (Rauschender Applaus.)

»Ich habe die arbeiterfreundlichen Gesinnungen dieser Versammlung mit vielem Vergnügen wahrgenommen. Und wahrlich, die Arbeiter haben großen Anspruch auf etwas mehr Großmut, als ihnen bisher zuteil geworden. Man hat sie bisher in der ökonomischen Wissenschaft so wie in der industriellen Praxis behandelt: nicht wie lebende, fühlende Menschen, ja nicht einmal so gut wie Lasttiere, sondern lediglich wie einen Ballen irgendeiner Ware. Man hat ihr Los abhängen lassen nicht von ihren menschlichen Bedürfnissen, sondern von einem starren Gesetze, von den unbarmherzigen Zufällen der Nachfrage und Zufuhr. Ja, in England hat sich diese Anschauungsweise in der Bourgeoisie so entschieden eingewurzelt, daß die dortigen Fabrikanten nicht sagen: Ich beschäftige 100 Leute, sondern 200 Hände (hands). Daher hat auch die Bourgeoisie nie Anstand genommen, Arbeiter ihren früheren Geschäftskreisen zu entziehen und in einer neuen Fabrikation zu verwenden, wenn es im Interesse der Herren Kapitalisten lag, und sie hat sich ebensowenig je gescheut, ihre Arbeiter auf die Straße und außer Brot zu setzen, wenn die Arbeit derselben dem Kapital nicht mehr Zinsen genug abzuwerfen schien. So ist es denn auch dahin gekommen, daß die Lage dieser Parias der industriellen Gesellschaften überall gleich scheußlich und entsetzlich ist. Wohin Sie immer Ihren Blick wenden mögen, meine Herren, sei es an der Rhone blühenden Gestaden oder nach den schmutzigen und stinkigen Gäßchen von Manchester, Leeds und Birmingham, sei es nach Schlesiens, und Sachsens Gebirgen oder Westfalens Ebenen, sei es auch nur hinab in die Straßen dieser Hauptstadt – überall, überall werden Sie jammerstieren, hungerbleichen Arbeitergesichtern begegnen, überall werden Sie dasselbe Elend des Proletariats finden, das vergeblich nach seinem Platz und seinem Rechte in der Gesellschaft späht.« (Großes Aufsehen.) »Ich weiß nicht, ob diese fürchterliche Lage so vieler Millionen eine Schuld des Systems der *Schutzzölle* ist; aber was ich weiß, ist, daß dieses System kein Heilmittel für dieses grausame Übel besitzt. Soweit reicht seine Macht nicht. Jedenfalls aber ist die Lage des Arbeiters so tief gesunken, daß ein Schlimmerwerden nicht möglich ist, und darum heißt er und heiße ich mit ihm jede Änderung willkommen, sei sie auch nur ein Umdrehen des vom Liegen wunden Kranken auf eine andere Seite. – Darum verwerfe ich die Schutzzölle.« (Beifall.) »Ich bin entschieden für den Freihandel, ich will ihn; aus welchem Standpunkte man ihn immer verteidige: ich gebe keinen Heller für einen Schutzzöllner. Aber ich bin weit entfernt, die Illusionen der Freihandelsmänner zu teilen und mit ihnen zu glauben, daß der Freihandel auf bleibende Weise das Los der Arbeiter verbessern wird.

Der *Freihandel* wird dem Prinzip der freien Konkurrenz seine volle Entfaltung geben, ich erkenne es gern an und will hier nicht untersuchen, ob dies Prinzip wirklich zur Grundlage einer Gesellschaft sich eigne. Ich will bereitwillig zugestehen, daß die größere Konkurrenz eine Erniedrigung der Preise aller Waren herbeiführen, daß aus dieser Erniedrigung ein größerer Verbrauch, aus diesem wieder eine vermehrte Produktion, also die Beschäftigung einer größeren Anzahl von Arbeitern folgen wird, und daß somit eine Zeitlang die Arbeiter den Doppelvorteil hoher Löhne und billiger Warenpreise genießen werden. Aber wie lange wird diese Herrlichkeit dauern? Ach, nur geringe Zeit!

Neben ihren *guten* Folgen wird die freie Konkurrenz bald auch ihre ebenso unausbleiblichen schlimmen entfalten. Die freie Konkurrenz der nicht mehr auf ein Land beschränkten Kapitalien wird in noch höherem Maßstabe als jetzt eintreten. Sie führt notwendig zu Versuchen noch größerer und wohlfeilerer Produktion durch Erfindung neuer Maschinen usw. Die Maschinenkraft wird, wie immer, Arbeiter unnütz machen; diese, die leben müssen, werden immer wieder die Rolle spielen, die heute die Irländer gegenüber den englischen Arbeitern haben; sie werden ihre Arbeit zu geringeren Preisen anbieten; der Fabrikant, der stets auf Verringerung seiner Produktionskosten sinnen muß, wenn er nicht der Konkurrenz erliegen will, wird nicht unterlassen, von dieser Konkurrenz der Arbeiter Nutzen zu ziehen, und so wird sehr bald der Tagelohn wieder auf den jetzigen Satz herabgedrückt sein, d.h. auf die Kleinigkeit, die eben unerläßlich ist, damit der Arbeiter irgendwie lebe. Nach wie vor wird der Arbeiter das Opfer der Konkurrenz der Kapitalien sein. Denn, meine Herren, nach wie vor auch werden wir Überproduktion, Überfüllung der Märkte und Handelskrisen haben; ja sie werden noch umfassender, noch heftiger sein als jetzt. Und Sie, meine Herren Freihandelsmänner, täuschen sich durchaus, der freie Handel werde den Krisen ein Ende machen – nein, sie müssen wiederkehren, denn sie sind eben auch nur eine Folge der durch nichts geregelten freien Konkurrenz der Kapitalien, die sich nur von der Rücksicht ihrer Profite leiten lassen, wenn sie sich einem Industriezweig zuwenden und ohne alle Voraussicht des Bedarfs und des Verhältnisses desselben zur Produktion sind, von deren Umfang ja auch die Einzelnen kaum sich einen richtigen Begriff machen können.« (Anhaltende gespannte Aufmerksamkeit im Saale.)

»Sie sehen also, meine Herren, der Freihandel wird *nur für den Augenblick* das Los des Arbeiters verbessert haben, und derselbe wird bald wieder in jenes Elend zurücksinken, was heutzutage sein gewöhnliches Los ist.

Meine Herren, es sind nicht meine individuellen Ansichten, die ich hier ausspreche; es sind die der einsichtsvollsten und aufgeklärtesten unter den englischen Arbeitern. Einige Tatsachen werden es Ihnen beweisen. *Sechs* volle Jahre hatte die *League* in England schon ihre Freihandelsagitation betrieben, und noch hatte sie die Chartisten nicht zum Beitritt bewegen können. Dieselben wußten zu gut, daß die Freihandelsmänner ihre natürlichsten Feinde seien und daß ein Bündnis mit ihnen nicht der Mühe lohne; sie gedachten der Vorgänge von 1842 in Manchester und des hartnäckigen Widerstandes der Bourgeoisie gegen die Zehnstunden-Bill, welche die Arbeiter wollten. Erst im *siebenten* Jahre traten *die Chartisten* der League bei, um den gemeinsamen Feind, den die Bourgeoisie allein nicht bezwingen konnte, die *Bodenaristokratie,* zu besiegen. Aber nie haben die englischen Arbeiter auch nur ein Wort der trügerischen Verheißungen der Herren *Cobden, Bright* und Kollegen geglaubt; nie hofften sie die Erfüllung von *cheap bread, plenty to do and high wages* (billig Brot, Arbeit in Fülle und hohe Löhne) von den Bourgeois. Nein, sie suchten ihr Heil stets in ihren eigenen Bemühungen und scharten sich nur um so enger um das Banner der Volkscharte und ihrer Führer, des unermüdlichen Freiheitskämpfers *Duncombe* und des trotz aller Verleumdungen der Bourgeoisiepresse nun doch zu Ihrem Kollegen, meine Herren englischen Parlamentsmitglieder, erwählten irischen Agitators *Feargus O'Connor.*« (Beifall.)

»Im Namen dieser Millionen nun, die mit mir nicht glauben, daß der Freihandel eine Panazee für ihre Leiden ist, fordere ich Sie auf, auch noch an andere Mittel als den Freihandel zu denken, wenn Sie die Lage der arbeitenden Klassen wirklich verbessern wollen. Denken Sie daran auch in Ihrem eigenen Interesse, meine Herren. Denn nicht mehr feindliche Einfälle der Kosaken haben Sie zu fürchten, aber den Krieg Ihrer Arbeiter gegen Sie, den Krieg der Armen gegen die Reichen, den Krieg der weißen Sklaven gegen ihre Unterdrücker. Die Arbeiter sind satt der Versprechungen ohne Erfüllung; sie wollen nichts mehr wissen von den nimmer bezahlten Anweisungen auf den Himmel.

Sie verlangen eine materiellere Genugtuung. Sie verlangen Taten von Ihnen; Ihren Worten trauen sie nicht mehr. Und wundern Sie sich dessen nicht; die Arbeiter, die in London die Reform-Bill-Agitation unterstützt, die sich in den Gassen von Paris und Brüssel 1830 für Sie geschlagen, erinnern sich sehr gut, daß sie damals von Ihnen geliebkost und fetiert wurden, daß sie aber – als sie später Brot forderten, Arbeit verlangten, um zu leben –, daß sie da in Paris und in Lyon und in Manchester statt des Brotes Flintenkugeln erhielten. Und Sie, meine Herren aus Deutschland, denken Sie an das Riesengebirge und seine *Weber;* die Weber haben nichts vergessen und viel gelernt. Darum nochmals sage ich es Ihnen, meine Herren: *Wollen Sie den Arbeitern wirklich helfen, so denken Sie auf etwas mehr als auf den Freihandel!*«

Ein Besuch in den Tuilerien

Menschen, die jeden Tag an unserem Haus vorbeikommen und welche wir weiter nicht kennen, pflegen uns nur zu interessieren, wenn sie durch ihr Äußeres in irgendeiner Weise auffallen. Schwerlich würde ich daher zum zweiten Male einem großen, stattlichen Manne, der jeden Morgen gegen 9 Uhr an meinem Fenster vorübereilte, nachgeblickt haben, wenn er sich nicht durch seinen unternehmenden Kopf und durch den Umstand bemerklich gemacht hätte, daß er jedesmal ein halb Dutzend Blumentöpfe unter dem Arme trug und von einem riesigen Neufundländer begleitet wurde.

Das keck-wilde krausumlockte Antlitz und die friedlichen Blumentöpfe paßten so wenig zueinander, daß ich mehr als einmal laut auflachen mußte, wenn der geschäftige Mann von der Straße her zu mir heraufschaute.

So vergingen mehrere Monate. Da bildete sich in Brüssel eine Gesellschaft belgischer, deutscher, französischer und anderer Demokraten. Es verstand sich von selbst, daß ich dabei war. Man versammelte sich im Maison des meuniers und schritt am ersten Abend sofort zur Wahl eines Komitees. Der Name des Generals Mellinet war der erste, der aus der Urne hervorging, und der silberhaarige zerschossene Held setzte sich als Ehrenpräsident in den Fauteuil des Saales. Ihm folgten als fernere Komiteemitglieder die belgischen Advokaten Jottrand und Picard, dann Karl Marx mit seinem Jupiterkopfe, hierauf der Pole Lelewel in blauer Bluse – mich selbst setzte man als Dolmetscher mitten zwischen diese gefährlichen Leute, und schon wollte ich meinen Platz einnehmen, da rief man auch noch den Namen eines Herrn Imbert, und zu meinem nicht geringen Ergötzen ließ sich der Mann der Blumentöpfe und des Neufundländers als mein Kollege an meiner Seite nieder. Wir machten jetzt sofort Bekanntschaft. Imbert war früher Redakteur eines Journals, »Le Peuple Souverain«, in Marseille. Von dort vertrieben, spielte er in Paris eine der ersten Rollen in allen gegen die Julidynastie gerichteten Emeuten, bis ihn auch hier der Arm der Polizei zu ergreifen drohte und ihn zwang, in Belgien ein Asyl zu suchen. Der politischen Agitation für einige Zeit entsagend, legte sich der alte Republikaner in Brüssel auf die Fabrikation von irdenen Töpfen – ein prosaisches Geschäft! Und Gott weiß, wie lange er dabei vergraben geblieben wäre, wenn nicht eben die neugebildete demokratische Gesellschaft plötzlich abermals seinen Feuergeist aufgestachelt hätte. Ich übergehe das weitere Zusammensein mit diesem merkwürdigen Manne. Er war das rechte Bild eines ebenso redlichen als unternehmenden Revolutionärs, der die Schmach seines Vaterlandes voll stiller Verzweiflung ansah – ich muß gestehen, nur mit einer gewissen Pietät konnte ich dem alten Imbert nahen.

Vor einigen Wochen saßen wir noch ruhig nebeneinander und hörten den Gesellschaftsdebatten über die Einführung des freien Handels zu, da drang plötzlich der Donner der Revolution zu uns herüber, und wie im Nu war der Alte verschwunden. In der großen Aufregung, welche auch hier in Brüssel den ersten Nachrichten aus Paris folgte, hätte ich kaum mehr an ihn gedacht; da hieß es mit einem Male, er sei in sein Vaterland zurückgekehrt und, in den letzten Augenblicken des Kampfes angelangt, von mehreren Kugeln durchbohrt in einer Barrikade gefallen. Armer Imbert! Du hast nur gelebt, um für die Freiheit zu sterben – – es tat mir leid; und als ich, von unbezwinglicher Sehnsucht fortgerissen, auch mein Bündel schnürte, um an die Seine zu eilen, da nahm ich mir vor, den toten Helden mit fliegender Fahne zu Grabe zu geleiten.

Nach einer sehr mühseligen Reise über die verwüstete Nordbahn langte ich in der Nacht in Paris an. Alles erinnerte noch an den kaum vorübergegangenen Sturm. Die Wachtfeuer brannten in den Straßen, die Posten der Nationalgarde riefen ihr »Wer da?«, und die aus Bäumen, Brettern, Steinen und zertrümmerten Kutschen gebildeten Barrikaden luden zu häufigem Springen und Übersetzen ein. Ein Nationalgardist, den Tschako auf dem Kopfe und den Säbel an der Seite, machte mir in seinem Hotel das Bett. »Dormez bien, citoyen!« – und ich träumte bald von allen Heroen alter und neuer Revolutionen.

Am andern Morgen war mein erster Gang nach den Tuilerien. Armer Ludwig Philipp, wie hat man dir mitgespielt! Hättest du nicht zweihundert Millionen in englischen Staatspapieren angelegt, wirklich, man sollte dich bedauern. Und wie sieht es mit deinem Schlosse aus – – die Wände von Kugeln durchfurcht, die Fenster zerschlagen, die seidenen Vorhänge zu Kleidern für den ersten besten Gamin zerschnitten! – Ich stand noch in andächtiger Wehmut versunken – »Vive la République!« klang es mir da aus einer brausenden Kehle entgegen, und mit ausgebreiteten Armen stürzte ein baumhoher Mann auf mich los, umhalste mich, küßte mich – es war der alte Imbert.

»Also nicht tot?« – »Au contraire, sehr lebendig!« – »Ich dachte, Sie wären in einer Barrikade gefallen?« – »Allerdings, aber rasch wieder aufgestanden!« – »Da habe ich Sie also vergebens beweint?« – »Das scheint so. Schade um Ihre kostbaren Tränen!« – »Aber was treiben Sie jetzt?« – »Ich bin Gouverneur geworden!« – »Gouverneur?« – »Natürlich! Hier in den Tuilerien!«

So war es. Mein alter Freund, der noch vor vierzehn Tagen in St. Josse-ten-Noode bei Brüssel irdene Blumentöpfe fabrizierte, er war jetzt Gouverneur des Lazaretts in den Tuilerien. Es hatte sich vieles geändert.

Das »Hôtel des Invalides civils«, wie man jetzt die Tuilerien nennt, stand mir nun durch die Bekanntschaft mit dem alten Republikaner offen. Ich besuchte es am vorigen Montage.

»Sehen Sie«, sagte Imbert, als wir in den an die Seine stoßenden Flügel des Schlosses gingen, »ich habe mir die einfachsten Zimmer, die des Prinzen Joinville, ausgewählt. Treten Sie ein.« – Da standen wir in dem mit Teppichen, Bildern und Landkarten geschmackvoll verzierten Salon des bekannten Seemannes. Einige Elefantenzähne, ausgestopfte Tiere und der Stern eines Schiffes über dem Spiegel zeigten noch deutlicher, daß hier einst der junge Prinz wohnte, den man früher den Schmuck der französischen Marine nannte. Im übrigen sah es sehr bunt in dem Zimmer aus, da sich gerade infolge eines in der Nacht verübten Diebstahls die republikanische Polizei, heiter frühstückend, um den Tisch des Gouverneurs niedergelassen hatte. Imbert stellte mich den Leuten vor, und ich muß gestehen, die republikanische Polizei besteht aus charmanten Männern – einige Galgengesichter waren freilich dazwischen –, aber im allgemeinen liebenswürdig, sehr liebenswürdig. Die heilige Hermandad gefiel mir niemals besser.

Aus dem Salon führte mich Imbert in die Nebengemächer, mit Vergoldungen und rotem Samt geschmückt, ziemlich verschont geblieben von der Flut des Volkes und nur da die Spur der letzten Tage zeigend, wo sich irgendeine Volkshand die Emaille eines Schrankes oder die Zieraten eines Sessels zum Andenken abgebrochen hatte. Durch die Bibliothek des Prinzen, welche durchaus in Ordnung blieb, gelangten wir dann in das Schlafzimmer, wo ein anderer Bruder Demokrat, der bei Imbert logiert hatte, eben dem Bette entstieg und, die seidenen Fenstergardinen zurückschiebend, uns auf die herrliche Aussicht nach dem Garten und den Champs-Élysées aufmerksam machte.

»In diesen zwölf oder vierzehn Zimmern lebe ich nun zufrieden und glücklich«, sagte Imbert lachend. »Steigen wir indes in die Gemächer Ludwig Philipps!« – Die großen Treppen hinab gelangten wir bald an Ort und Stelle. Wir standen vor der ersten Flügeltür. Es sind noch keine drei Wochen her, da hielten Herzöge und Grafen sie besetzt; statt dessen bemerkte man jetzt nur einen jugendlichen Nationalgardisten, der sich in seiner prächtigen Einsamkeit ganz entsetzlich zu langweilen schien. Durch das Vorzimmer traten wir in das Kabinett des Königs, in dasselbe Zimmer, in welchem so mancher Ministerrat gehalten wurde. Hier saß Guizot, dort Duchâtel, gegenüber zitterte einst der unglückliche Martin du Nord, da war noch derselbe runde Tisch mit grüner Decke; Akten, Briefe und Depeschen ersetzten heute einige halb ausgetrunkene Weinflaschen. In dem Sessel des Königs saß ein junger Mann, dem eine Kugel das Bein zerrissen hatte. Während er in einem prächtigen vergoldeten Folianten las, verband ein Doktor seine Wunde. Das Bein des Verwundeten ruhte auf einem karmoisinfarbenen Diwan. Lustig flackerte das Holzfeuer in dem marmoreingefaßten Kamine; ein Nationalgardist saß davor und kochte Kaffee; ein anderer aß Makkaroni. Die Wände des Zimmers strotzten von Gemälden. Trotz meines besten Willens konnte ich indes nichts Ausgezeichnetes darunter entdecken. Wie man sagt, kaufte Ludwig Philipp die Bilder nach der Elle. Viele Gegenstände des Schlosses, welche man für golden hielt, sollen sich außerdem auch nur als vergoldet erwiesen haben. Der weise Monarch wußte, daß seine Schätze sicherer bei Coutts & Comp. in London als in den Tuilerien waren.

Lachend und scherzend hatten wir so die Gemächer des Prinzen und des Königs durchwandelt, da öffnete sich uns die Tür der großen Galerie – das Gespräch stockte, jeder der Besuchenden hielt den Atem an, wir schritten auf den Zehen. Einen heiligen, geweihten Ort betraten wir – heilig und geweiht seit jenem Augenblicke, wo statt kriechender Höflinge und feiger Lakaien nur blutende Helden den weiten Raum des Gemaches bewohnten, die Helden jener unvergeßlichen Tage, die, kaum verflossen, uns fast ein Märchen, eine Sage erscheinen. Die

Galerie der Fürsten und der Schranzen war zum Spital geworden. In langer Reihe, auf weichen Pfühlen, lagen die armen Verwundeten. Hier schaute ein kräftiges Mannesantlitz unter der Decke hervor, bleich zwar und verstört, aber imposant durch die würdevolle Gelassenheit, mit welcher der Ruhende seine Schmerzen zu verbeißen schien. Hart neben ihm das Haupt eines Greises, auf die magere Hand gestützt, die gewiß schon mehr als einmal die Muskete der Revolution geführt hatte. Ein Knabe dann, kaum dem Tode entronnen und schon wieder froh dem Tag entgegenlachend, wo er singend sein schönes Paris durchlaufen könne. Und so weiter in bunter Reihe alle die Tapfern, die ihr Blut für die Freiheit vergossen hatten – Greise, Männer und Kinder. Eine wunderbare Scheu wehte mich an – ein Blick auf die Schlummernden, und ich machte mich fort, ich schämte mich, so als nüchterner Gesell, als Neugieriger an das Lager der Helden zu treten. – Oh, es war ein herrlicher Gedanke, die verwundeten Sieger in den Gemächern des Königs zu betten! Aus den großen goldenen Rahmen schauten die Gestalten der Gemälde wie verwundert auf die Duldenden. Oben die Bilder der Könige, unten das Lager des Proletariers. Eine seltsame Krankenstube! Kristallene Kandelaber, Spiegel vom Fußboden bis zur Decke, Kronleuchter voll funkelnder Steine, die Meisterwerke aller Malerschulen, Gold zu ihren Häuptern und Purpur zu ihren Füßen – in einem so geschmückten Raume lagen die Helden des 24. Februar.

Der großen Galerie folgte der Thronsaal. Seit ich diesen gesehen, glaube ich an die Vergänglichkeit alles Irdischen. So zerzaust und ausgekehrt wie diesen Thronsaal sah ich noch nie etwas. Wenn sich zweihundert Erlanger Studenten in einer kleinen Stube prügeln, so kann man mit dem Mobiliar des Wirtes nicht schlimmer umgehen, als der süße Pöbel mit den Insignien und Attributen der französischen Dynastie verfuhr. Der getäfelte Boden von Kugeln durchfurcht, die Spiegel von Kolben zerschlagen, die seidenen Tapeten bis zur Decke hinauf bis auf den letzten Fetzen entfernt, und der Thronsessel selbst – aber den verbrannte man ja an der Julisäule. Nur der Thronhimmel hängt noch mit seinen rosenroten Troddeln wie zum Spott über der untergegangenen Herrlichkeit; es wundert mich, daß durch die zerschmetterten Fenster nicht schon einige Spatzen hereingeflogen sind und sich darunter angesiedelt haben. Auf der Leinwand, welche den Hintergrund der Tapeten bildete, hat das Volk seine schönsten

Stammverse zurückgelassen. »Vive la République!« – »A bas les Tyrans!« – »Vive la Pologne!« – »Vive la Suisse!« – »Vive la France républicaine!« – »Vive la Liberté des Peuples!« – So schrieb man unter dem Jubel des Sieges an die zerfetzten Wände. Wie man sagt, soll der Thronsaal in seiner jetzigen Gestalt erhalten werden. Wozu? Ein herrlicher Wallfahrtsort!

Hatte sich das Volk in der ersten Raserei der Freiheit zu einer vollständigen Demolierung des Thronsaales hinreißen lassen, so verfuhr es in der Verwüstung der Salle des Maréchaux wirklich mit einer planvollen Gewissenhaftigkeit. Der Marschall-Saal, im Zentrum der Tuilerien liegend, läßt den Besucher nach der einen Seite in den Garten, nach der anderen auf die Mitte des Caroussel-Platzes sehen. Oben, von einer Galerie umgeben, ist der Raum mit den Marmorbüsten der Marschälle der alten Republik und des Kaiserreichs geschmückt. Unterhalb der Galerie hängen die lebensgroßen Bilder der Generale der Restauration und der Dynastie. Wie in allen übrigen Zimmern, so waren auch im Marschall-Saale die Spiegel, die Kronleuchter und die Möbel teilweise zertrümmert. In merkwürdiger Weise verfuhr man indes mit den Büsten und Bildern der Generale. Die Helden der Republik und der Napoleonischen Zeit, welche mit ihren trotzigen Mienen gleichgültig und verächtlich in den Raum hinunterstarrten, hatte man durchaus unversehrt gelassen. Die Bilder der neueren Zeit trugen dagegen den Stempel des höchsten Volksunwillens. Die Porträts des Admirals Truguet, der Marschälle Grouchy und Sebastiani wie des Marquis Maison waren von Kugeln durchbohrt und von Säbeln zerschnitten. Die Bilder des Marschalls Bugeaud und des alten Soult, als ob sie doppelten Hasses wert wären, hatte man gänzlich aus ihren Rahmen herausgerissen, und keine Spur war davon übriggeblieben. Unter dem Rahmen, aus dem früher der Marschall Soult blickte, las man außerdem noch die Worte »Traitre à la patrie«. So hatte das Volk in seinem Enthusiasmus doch noch immer seine mehr oder weniger schlimmen Feinde gut zu unterscheiden gewußt.

Eigentliche Kunstgegenstände hatte man rein verschont. Die prächtige bronzene Reiterstatue Heinrichs IV., die riesigen Kristallkandelaber der Galerie und die Pendülen, welche überall den Rand der Gesimse schmückten und mit ihren goldenen Pendeln noch ruhig hin und her fuhren, waren unangetastet geblieben. Auf der Rückseite eines herrlichen Kupferstiches, den man aus einer der umherliegenden Bildermappen gerissen hatte und der, an einer Ecke befestigt, von der Wand herabhing, las man die Worte »Les voleurs seront punis par la mort«. Nachdem wir einen uns begleitenden Engländer, der sich alle Taschen voll Holz und Spiegelsplitter gesteckt, mit vieler Mühe bis in den Hof hinuntergebracht hatten, besuchten wir zum Schluß noch die Zimmer der Herzogin von Orléans, dieser mutigen Frau, welche durch die Standhaftigkeit, mit der sie dem gefährlichsten Momente der Revolution zu trotzen wußte, den ehrenvollsten Platz in der gefallenen Königsfamilie einnimmt. Feig und betäubt flohen all die königlichen Herren. Die deutsche Prinzessin, die Gemahlin des toten Herzogs, hielt bis zur schrecklichsten Minute unerschrocken aus.

Die jugendlichen Zöglinge der Militärschule von St. Cyr trieben sich jetzt lachend und singend auf den Diwans der geschiedenen Fürstin umher. Säbel, Gewehre und Patronentaschen lagen in Haufen auf den schimmernden Teppichen.

Es war endlich Zeit, daß wir uns entfernten. Der alte Imbert, hin und her laufend, hatte während unserer Wanderung Hunderte von Befehlen ausgeteilt. Alles im freundlichsten Tone, wie es einem Republikaner gebührt; jedes seiner Worte begleitete er mit den lebendigsten Gesten.

Mit einigen Grüßen an seine in Brüssel zurückgebliebene Familie begleitete er uns bis in den Schloßhof, wo ich mit dem Wunsche von ihm Abschied nahm, daß sein Kopf noch lange auf seinem Rumpfe sitzenbleiben möge. – –

Schon im Begriffe, durch das Tor zu schreiten, fiel es mir erst ein, daß ich ganz vergessen hatte, mir irgendein Andenken an unsere Wanderung mitzunehmen. Einige Arbeiter, die verschiedene Karren voll Schutt in den Hof schoben, erinnerten mich daran. »Die Diebe werden mit dem Tode bestraft«, las ich noch oben in der Salle des Maréchaux – aber die Todesstrafe ist ja hinterher abgeschafft! Ich gesellte mich daher zu einigen Nationalgardisten und fing sofort an, mit ihnen in dem Amte eines Chiffonniers zu wetteifern. Alte Hüte, vergoldete Rahmen, Stücke von zerschlagenen Spiegeln, Rechnungen, Fetzen von Kinderanzügen und Lappen allerlei Art kamen zum Vorschein, und jeder bemächtigte sich irgendeines Brockens. Da schüttete man die zweite Ladung auf den Hof – der Wind erhob sich, und Tausende von Papierfetzen flogen in der Luft umher und dann in den Kot des Bodens. Ich griff nach den ersten besten Blättern – es war ein Brief der Königin von Portugal und ein Schreiben Jérômes, des Exkönigs von Westfalen. 27

Aus dem Tagebuche eines Heulers

Kapitel I: Die Heuler

Wohl dem, der des Tages Last und Hitze getragen hat und in den Schenken der heiligen Stadt Köln seinen kühlen Schoppen Moselwein trinkt!

So dachte ich oft, wenn ich zu Hut und Hausschlüssel griff und die Straße hinabschritt nach jenen Häusern der Fröhlichkeit, die allen Völkern geöffnet sind, den Christen wie den Juden, den Heiden wie den Türken, den Ägyptern wie den Chinesen, auf daß alle ihre Leiden vergessen, ihre Schulden, ihre bösen Frauen, ihre hungrigen Kinder, ihre langweiligen Vettern, ihre kahlen Glatzen, ihre Hühneraugen, ihre Zukunft wie ihre Vergangenheit.

Der Gott des Weines ist ein freundlicher Gott. Lächelnd und rebengeschmückt sitzt er mit seinen nackten und prallen Schenkeln wie ein Reiter flott auf dem Faß. »Heran! Heran!« – so ruft er und winkt mit gefülltem Römer, und durstige Musikanten nahen und feiste Küster und lange Regierungsräte und krumme Fruchthändler, ja Ritter und Banditen zu des Weingötzendienstes erhabener Feier.

Der Wein ist billig. Vier Groschen der Schoppen. So trinket denn Wein, auf daß es euch wohl gehe.

Ich aber saß gestern abend wie gewöhnlich bei.... auf der.... straße und rings um mich her der Bekannten vertraulicher Kreis.

Zuerst der alte Steuerkontrolleur Ehrlich. Ein Fünfziger. Weiß an Haaren, doch rötlichen Antlitzes. Schon seit zwanzig Jahren kenn ich den Ehrlich. Er hat noch nie gelacht; er spricht wenig und ist dennoch unterhaltend. Jeden Abend trinkt er drei Schoppen und zwei halbe. Er ist ein wohlbehäbiger Mann; nicht zu seinem Nachteil kontrollierte er sein Leben lang. Der böse Leumund sagt, daß er nie ein Weib berührt; er ist Junggeselle und hält sich Kanarienvögel und Goldfische; man sagt, er sei sehr geizig, er nähe sich selbst die Hosenknöpfe an und stopfe sich selbst die Strümpfe. Weiß nicht, ob es wahr ist. Ehrlich ist ein höchst achtungswerter Mann; er versteht sich aufs Wetter wie ein Laubfrosch; er weiß immer, wieviel Grad Wärme oder Kälte wir haben. Er raucht.

Zweitens der Rentner Dürr. Er ist lang und hager, wie aus seinem Namen hervorgeht; er gleicht niemandem, denn er ist einzig in seiner Art. Er trägt schwarze kurzgeschorene Haare; Blässe auf den Wangen, keinen Bart und eine Fastnachtsnase. Immer ist er in sehr weißer Wäsche, namentlich, wie alle andern Menschen, im Anfang der Woche. Im schwarzen Frack sieht er ungefähr wie ein Gespenst aus, das auf den Ball gehen will. Ich habe ihn nie etwas anderes essen sehen als Heringssalat. Er machte Seereisen und legte in der Bank eine Sammlung seiner Münzen an; das letztere war nicht zu seinem Schaden. Rentner Dürr weiß viel zu erzählen. Er ist in der Geographie bewandert wie eine Posttaube; er kennt die ganze Erde und sehnt sich daher bisweilen nach dem Himmel.

54

Seine Hauptbeschäftigung besteht darin, daß er sich entsetzlich langweilt. Er schnupft.

Drittens der Maler Pinsel. Dieser gute Freund ging immer mit dem festen Vorsatze um, ein großer Mann zu werden, und wurde deshalb keiner. Ursprünglich Landschafter, machte er dreißig Jahre Wolkenstudien. Er vergaß darüber die Erde und sich selbst und malt nun Porträts, die sich alle gleichen. Selber kein Genie, begnügt er sich damit, alle Genies gekannt zu haben. Er ist ein wunderlicher Kauz. Vierzehn Tage lang stierte er einst in ein Holzfeuer, um einen Kopf rotflammender Haare zu malen; auch goß er schon Rowlands Macassar-Öl in die Farben und meinte, die Locken seiner Porträts würden besser danach wachsen – half aber alles nichts. Seinen eignen Namen malt er immer am schönsten. In vertraulicher Stunde sagte er mir neulich, die Menschen ennuyierten ihn allmählich; er werde sich auf die Tiere legen; es sei dies der beste Übergang vom Menschen aus, der richtigste Fortschritt. Von Löwen und Tigern wird er sich zunächst auf das Pferd werfen; vom Pferd kommt er ohne Zweifel auf den Esel – schließlich auf den Hund. Hiermit wird er wahrscheinlich seine Laufbahn beschließen.

Maler Pinsel ist ein Vierziger. Er ist ein großer schöner Mann mit ungeheuerm Barte. Seine Figur und sein Barthaar haben es übernommen, der Welt für den ganzen Kerl Respekt abzutrotzen. Er raucht und schnupft.

Der vierte in unserm Bunde ist der Professor Fuchs. Wie alle Schulmeister hat er dünne Beine und noch jämmerlichere Arme. Er sitzt in den Schultern; seine Haare hängen ihm pastoralisch glatt an den Schläfen hinunter. Auf seinem Nasenbein reitet eine große silberne Brille. Er macht lateinische Verse, die niemand lesen kann, und deutsche, die niemand lesen will. Er zitiert alle Augenblick die Griechen und die Römer. Niemand sieht einem Griechen oder einem Römer weniger ähnlich als der Herr Professor Fuchs.

Als fünften Freund haben wir den Herrn Salomon Geyer. Er ist ebenso breit wie lang. Er spekulierte in Quadratfüßen, ohne dabei auf den Strumpf zu kommen. Er sieht deswegen seit einem halben Jahre so böse aus wie der Domkranen bei Regenwetter. Mit aller Welt ist er zerfallen. Er fürchtet sich vor seiner Frau. Trinkt sehr viel.

Der sechste Bekannte ist der Herr von der Windmühle. Ohne Haar, ohne Zahn, ohne Fleisch, ohne Blut, ohne Stimme, ohne Verstand, ohne Geschäft, ohne Liebhaberei, ohne Willen, ohne Leidenschaft – ein Waschlappen von einem Mann – reich wie Krösus.

Der siebte: Herr Puff, ist ein Mann von einnehmendem Äußern. Rund wie die Welt und stark wie ein Elefant. In seiner Jugend fraß er zum Scherz oft ein Branntweinglas, in seinem Alter zog er Kapaunen vor und Enten in Trüffeln. Er wuchs mit Eichen und Buchen auf und wurde ein Holzhändler. Jetzt lebt er vom Fett seiner Jugend. Er kennt nur reiche und dicke Leute. Alle übrigen Menschen sind unter seiner Würde. »Ich heiße Puff!« pflegt er zu sagen, wenn man nach seinem Namen fragt. Die Fenster klirren vom Ton seiner Stimme.

Ein achter Bekannter ist noch Herr Kreuz – sieht aus wie eine chinesische Figur, die man auf die Kommode stellt. Er lebte immer, aber niemand weiß wovon. Vor allen Dingen zeichnet er sich durch seinen Appetit aus. Er ißt zwei Teller Suppe, sieben Stück Rindfleisch, neun Gurken, einen halben Pudding, viel Braten und trinkt den Wein mit Wasser. Glücklich der Wirt, der ihn zu seinem Gast hat!

Der Advokat Verdammlich ist der neunte Mann in unsrer Mitte. Er ist der Hort aller Witwen und Waisen. Er liebt Prozesse und Rheinwein und lebt im Andenken vieler Menschen. Er spricht das Gegenteil von dem, was er denkt, und denkt das Gegenteil von dem, was er spricht. Er kennt alle Menschen, und er kennt sich selbst. Sein Vorteil und der Vorteil andrer Menschen stehen in umgekehrtem Verhältnis. Das Gesetz gibt ihm zu essen, und die Gerechtigkeit gibt ihm zu trinken. Der Advokat Verdammlich ist ein Ehrenmann. Vor allen Dingen ist er ein schwacher und sterblicher Mensch, und der Herr wird Mitleid mit ihm haben am Jüngsten Tage – –.

Doch wozu diese ganze Schilderung? Weshalb suche ich sie alle zu zeichnen, meine treuen Bekannten, meine alten Freunde, die ich jeden Tag sehe, den Steuerkontrolleur Ehrlich, den Rentner Dürr, den Maler Pinsel, den Professor Fuchs, den Quadratfüßler Geyer, den Herrn von der Windmühle, den Holzhändler Puff, den Feinschmecker Kreuz, den Advokaten Verdammlich?

Sitze ich nicht täglich mit ihnen in den Schenken unsrer guten Stadt Köln, den kühlen Moselwein zu trinken, auf daß wir alle unsere Leiden vergessen, unsre Schulden, unsre bösen Frauen, unsre hungrigen Kinder, unsre langweiligen Vettern, unsre kahlen Glatzen, unsre Hühneraugen, unsre Zukunft und unsre Vergangenheit? Gewiß! Oh, verbunden sind wir in Liebe und Freundschaft, miteinander zu trinken, miteinander zu reden, uns zu wehren gegen die Laster des Jahrhunderts, gegen Revolution und Anarchie, gegen Kommunisten und Republikaner. – – Ja, eine Phalanx sind wir, groß und gewaltig: der heiligen Stadt Köln berühmteste Heuler!

Kapitel II: Ein Brief

Nie werde ich den schrecklichen Abend vergessen, an dem zuerst die Nachricht der französischen Revolution bei uns eintraf. Wir saßen wie gewöhnlich bei … auf der …straße, im hintern Zimmer; es mochte 10 Uhr sein. Der Steuerkontrolleur Ehrlich hatte schon seinen dritten Schoppen getrunken und faltete eben die Hände, um für zehn Minuten in Morpheus' Arme zu sinken – er nimmt sich prächtig in solchen Augenblicken aus: seine Nase verbirgt sich in der Hemdkrause; tiefe, grollende Töne entringen sich seinem Busen. Der Rentner Dürr saß wie immer steif an der Wand und trommelte den Sehnsuchtswalzer – er hatte eben seine Portion Heringssalat gegessen. Maler Pinsel rauchte wie der Schlot eines holländischen Schleppschiffes und blickte ernst hinauf in seinen eigenen Dunst, um eine neue, höchst interessante Wolkenstudie zu machen. Der Professor Fuchs war nicht weniger mit sich selbst beschäftigt. Auf seiner Stirn konnte ich lesen, daß da drinnen irgendein erbärmliches Gedicht fabriziert wurde. Der Quadratfüßler Geyer dachte über die Vergänglichkeit alles Irdischen nach und schaute bisweilen hinüber nach dem reichen Herrn von der Windmühle, der wie ein dünner Spazierstock in der Ecke des Zimmers lehnte.

Holzhändler Puff befand sich ausnehmend wohl. Dieser Chimborasso von einem Mann hatte wie gewöhnlich den ganzen Abend hindurch eine unendliche Menge Neuigkeiten erzählt, da senkte sich die Müdigkeit auf ihn herab, und sein Haupt fiel auf die Brust – nun ruhen alle Wälder. Herr Kreuz und der Advokat Verdammlich waren die einzigen, welche die Konversation noch aufrechterhielten.

»Es ist herrlich«, bemerkte Herr Kreuz, »in was für ruhigen und friedlichen Zeiten wir jetzt leben.« – »Leider!« erwiderte der Advokat. »Vielzuwenig Prozesse.« – Da schwiegen auch sie, und während mehrerer Minuten lag nun über der ganzen Gruppe jene selige Stille, jene tiefe Sabbatfeier einer an- und festgetrunkenen antiken Wirtshausgesellschaft.

Da öffnet sich plötzlich die Tür, und herein tritt der Literat Warze. Sein Erscheinen ist beunruhigend. Man liest in seinen wirren Blicken, daß er nicht ohne Grund noch so spät durch die Wirtshäuser eilt. Seine Knie schlottern. Dicke, schwere Tropfen des köstlichsten Schweißes entrieseln seiner göttlichen Stirn; er nimmt den Hut ab – seine Haare stehen zu Berge. Die ganze Gesellschaft erwacht aus ihrer Lethargie.

»Was fehlt Ihnen?« fragte der alte Ehrlich.

»Sie haben gewiß etwas zuviel!« setzte der Rentner Dürr hinzu.

»Hat man Sie irgendwo hinausgeschmissen?« erkundigte sich der Maler Pinsel.

»Gewiß haben Sie ein Manuskript zurückbekommen!« bemerkt der Professor Fuchs aus Erfahrung und als Menschenkenner.

»Oder ist Ihre Frau niedergekommen?« wirft der Quadratfüßler Geyer hin.

»Sollten Sie im Landsknecht verloren haben?« lispelt der Herr von der Windmühle.

»Sprechen Sie, Herr Warze!« donnert da der Chimborasso Puff.

»Sprechen Sie!« wiederholt der Herr Kreuz.

»Und in des drei Teufels Namen, sprechen Sie!« macht der Advokat Verdammlich den Schluß.

Da ist der Literat Warze zu Atem gekommen. »Mitbürger!« beginnt er. »Es ist ein großes Unglück geschehen; eins der geachtetsten Handlungshäuser hat soeben auf außerordentlichem Umwege den folgenden Brief erhalten und mir zur Veröffentlichung übergeben.«

»Lesen Sie, lesen Sie, Herr Warze!« tönt es von allen Seiten. Warze stellt sich auf den Stuhl. »Ein Pariser Korrespondent schreibt:

>Ew. Wohlgeboren hab ich die Ehr
>Einliegend zu remittieren:
>Zweitausend Taler vista, auf Köln;
>Die wolln Sie mir kreditieren.« –

»Nun, das ist eben kein großes Malheur«, murmelt man von allen Seiten. –

>»Sie sehen hieraus, mein werter Freund:
>Ich habe Sie nicht vergessen.
>Mit meinem nächsten Briefe send
>Ich anderweit'ge Rimessen.« –

»Das ist ja sehr erfreulich!« brüllt der Herr Puff. »Dieser Korrespondent ist ein Ehrenmann.« –

>»Es ist mir lieb, daß Sie bestellt
>Noch sechzehn Fässer Bourgogne.
>Dagegen wünsch ich per chemin de fer
>Noch etwas Eau de Cologne.« –

»Aber Herr Warze«, unterbricht ihn hier der Rentner Dürr, »Sie verstehen das freilich nicht: es kann ja nichts Besseres auf der Welt geben als 2.000 Taler auf Köln, weitere Rimessen versprochen und eine neue Bestellung – ich begreife Sie nicht.« –

>»Ich bitt um die beste Qualität,
>Sie ist für Export nach China.
>Man kauft sie gen über dem Jülichsplatz
>Bei Johann Maria Farina.« –

»Allerdings!« schreit die ganze Gesellschaft. »Keine bessere Eau de Cologne als die Farinasche. Der Pariser hat ganz recht. Aber wo bleibt das Unglück?« –

>»Im übrigen hab ich leider nicht
Viel Gutes zu melden heute:
Paris litt sehr in der letzten Nacht
An einer fatalen Emeute.«

Alles wird plötzlich still. Niemand unterbricht mehr. Dem Maler Pinsel entsinkt die Pfeife.

>»Schon frühe mußt ich schließen die Tür,
Verriegeln Fenster und Laden;
Man baute in jeder Straße schier
Ein halb Dutzend Barrikaden.«

Die Stimmung der Anwesenden wird immer peinlicher. Der Herr von der Windmühle fängt an zu zittern. Rentner Dürr will eine Prise nehmen, aber die Finger versagen ihm den Dienst.

>»Heute morgen hat sich der Streit erneut,
Und die Truppen, sie mußten fliehen.
Im Sturme rückte das Volk heran –
Nahm Louvre und Tuilerien.«

Hier tut der Herr von der Windmühle einen der größesten Seufzer, deren der Mensch fähig ist. Der Holzhändler Puff schnaubt und pustet wie eine Lokomotive. Der Rentner Dürr fürchtet, ohnmächtig zu werden, und bestellt eine zweite Portion Heringssalat, und der alte Steuerkontrolleur Ehrlich greift krampfhaft nach seinem Römer.
Über Warzes fahle Wangen rollt aber eine Träne, und unter Wimmern und Schluchzen fährt er fort:

>»Man drang hinein in die Königsburg,
Der Pöbel jauchzte so munter –
Und Ludwig Philipp purzelte, ach!
Von seinem Throne herunter.«

Das Gastzimmer erdröhnt von Wehgeschrei; Flaschen und Gläser stürzen übereinander. Der Kellner, der Wirt, die Mägde, Katzen und Hunde schauen verwundert zur Tür hinein. Der Nachtwind reißt die

Fenster offen; die Gaslichter flackern, und unheimlich bewegen sich Warzes emporstehende Haare.

»Der Julithron, der ist verbrannt,
Leer stehen die stolzen Hallen;
Zertrümmert ist die Dynastie –
Die Kurse werden noch fallen.« –

»Die Kurse noch fallen?« stöhnt der Rentner Dürr. »Hilfe! Hilfe! Ich bin bei der Nordbahn interessiert. O meine Fünfprozentigen!« – Da erlischt seine Stimme. Wie ein gewaschenes Hemd sinkt er in Falten zusammen, den Kopf voran, die Nase in den Fidibusbecher.

»Fort ist die Familie Orléans,
Proklamiert ist die République –
Es muß die Eau de Cologne gut
Verpackt sein in Kist' und Stricke.

Weiß Gott, wie's ferner gehen wird,
Ich erwarte noch große Misere.
Agréez, Monsieur, mes salutations
Respectueuses et sincères.«

Warze stürzt erschöpft in die Arme des Holzhändlers Puff. Er ist leichenblaß geworden. Der Kellner schüttet ihm ein Glas Moselwein 1843er über das Antlitz. Der Wirt zieht ihm die Stiefel aus – man ruft nach einem Doktor. »Wasser! Wasser! Ein Aderlaß!« brüllt der Holzhändler – da legt man den unglücklichen Literaten über zwei Rohrstühle. Er ist kalt und steif wie ein toter Rohrdommel.
    Der Rest der Gesellschaft überläßt sich indes ganz seinem Schmerze. »Ich habe es immer gedacht!« ruft der Steuerkontrolleur. »Ich sah es vorher, es mußte so kommen. – O der Napoleon des Friedens!«
    »Auch mir schien es«, fährt der Maler Pinsel fort, »auch mir war es, als wenn dieser Tage etwas Außerordentliches passieren müßte, es roch in ganz Köln nach Pulver und nach frisch angestrichenen Särgen – o über die Lasterhaftigkeit des Jahrhunderts!«
    »In acht Tagen stehen die Franzosen am Rheine!« bemerkte der Quadratfüßler Geyer. »Rettet! rettet!« jammert der Herr von der

Windmühle, und wie sich auch der Advokat Verdammlich, der Professor Fuchs und der Herr Kreuz in das allgemeine Geschrei mischen, da erhebt sich aufs neue ein solches Geheul, daß der ohnmächtige Warze wie ein Toter beim Blasen der jüngsten Posaune von seinem Lager emporfährt und, wie von Furien gepeitscht, hinaus in die Gassen rennt.

Doch genug. Es war ein schrecklicher Abend. Wie ein Lauffeuer hatte sich die Nachricht durch die ganze Stadt verbreitet, und während wir dem Fall der Edlen unsere Tränen weihten, begann auch bei uns schon der wühlerische Pöbel sein entsetzliches Treiben und:

»Allons enfants de la patrie«, klang es wild durch die Straßen unsrer alten, unsrer heiligen Stadt.

Kapitel III: Einflüsse der Revolution

Seit einer Woche habe ich nichts für mein Tagebuch geschrieben – es ist eine wahre Schande. Aber die Unterbrechung war zu arg. So eine Revolution wie die französische bringt einen ehrlichen Mann ganz außer Fassung. Wenn die Kronen von den Köpfen fliegen wie die Äpfel von den Bäumen, da hört alles auf. Man kommt ganz aus seinem alten Gleis; es ist, als ob Feuer in der Stadt gewesen wäre, als ob man irgendwo eingebrochen und gestohlen hätte, und ehe man schlafen geht, sieht man noch einmal unter die Bettstelle, und die ganze Nacht träumt man von Mord und Totschlag, von Bosco und Schinderhannes.

Ich bin keineswegs furchtsamer Natur; ich kann ein Gewehr losschießen, ohne die Augen zuzukneifen; ich kann dabeistehen, wenn man einen Hahn schlachtet, und ich werde nicht unwohl, wenn ich sein Blut sehe. Auf der Spitze eines Kirchturms werde ich nicht schwindlig, und ohne Grausen ginge ich nachts über einen Kirchhof; aber so eine Revolution – es ist gar zu unkomfortabel, Gott verzeih mir.

Wie schlimm ist die Geschichte doch dem armen Herrn von der Windmühle bekommen! Ich besuchte ihn gestern; er sah so kümmerlich runzelig aus wie eine getrocknete Pflaume. Den ersten Tag nach Ankunft der verhängnisvollen Nachricht soll sein Zustand wirklich bedauernswert gewesen sein. Die Köchin versicherte mir, er habe sich die Haare stückweise ausgerissen, es sei nicht anders gewesen, als ob ihn vierzig Millionen Flöhe plagten. Mit dem Bauch habe er sich auf den Boden gelegt und den Steiß mit Fäusten geschlagen. »O meine Fünfprozentigen! O meine Bankanteile! O meine Nordbahnaktien!« – so schrie er, daß man es auf der Straße hören konnte. Niemand ist doch mehr zu bedauern als ein reicher Mann.

Der Rentner Dürr wußte sich schon eher zu trösten. Dieser Bindfaden von einem Mann glaubt an ein besseres Leben nach dem Tode, wenigstens an kein schlechteres. Er nahm einen Schweinslederband und eine Portion Heringssalat und schloß sich damit ein: den Schmerz durch aufmerksame Studien, durch Gebet und stille Betrachtungen zu überwinden.

Das Leben ist eine Dummheit, meint der Herr Dürr, eine Dummheit, die nur durch den Tod wiedergutgemacht wird. Der Mensch ist kristallisierter Dreck, und erst in jener Welt, wo man weder die Marseillaise singt noch den Cancan tanzt, da wird es uns gut gehn – frei von allem Irdischen. Der Rentner Dürr ist ein frommer Rentner. Er liebt die Pastöre und das ewige Leben. Wenn er einst am Jüngsten Tage von den Toten aufersteht, da wird er aus seinem Grabe emporschießen wie ein Spargel aus dem Gartenbeet.

Daß der Holzhändler Puff über die französische Revolution im höchsten Grade erbost ist: das versteht sich von selbst. Er hat in den letzten acht Tagen wenigstens vierzig neue Flüche erfunden. Er trägt ein großes Baummesser in der Hosentasche, und seine Stimme hat einen brüllenden Ton angenommen.

»Wenn wir jetzt noch einmal an den Franzosen leiden sollen«, sagte er mir gestern, »so können Sie sicher sein, daß wir sie nicht wieder loswerden. Was hilft uns jetzt das Beckersche Rheinlied?« – Der Herr Puff hat recht. Gegen die Weiber sind die Franzosen stets galant. Aber wehe, wenn sie über die Männer kommen! – Der Advokat Verdammlich gehört zu den Leuten, die der Zukunft am ruhigsten entgegensehen. Unsereins begreift so etwas nicht; aber bei einem Advokaten ist alles möglich. In der Sünde auf- und großgezogen, ist ihm selbst das Böse recht, wenn es nur mit dem Gesetz zu vereinbaren ist.

»Der Code ist meine Moral«, pflegt der Advokat Verdammlich zu sagen. »Solange der Code besteht, wird die Welt trotz aller Revolutionen nicht untergehn.« – Vielleicht hat er recht. Jedenfalls heult er mit den Wölfen, und ich liebe ihn daher.

Der Professor Fuchs versichert mir, daß er seit den Februartagen auch nicht ein einziges Gedicht mehr gemacht habe. Dies mag nun, im Grunde genommen, ein Glück für die Welt sein. Er sagte mir, die Revolution habe ihn gelähmt; nichts sei unpoetischer als dieser Wirrwarr; man könne eher einen Pagoden besingen als ein provisorisches Gouvernement. Aller Firlefanz der Poesie falle weg, wenn man nicht mehr an das Althergebrachte glaube. »Wie kahl müssen sich alle Gedichte in Zukunft ausnehmen«, bemerkte er mir, »wenn man nicht mehr von Kronen, von Hermelinmänteln, von Szeptern, von Majestäten, von Kammerjägern und königlichen Zofen singen darf! Es ist entsetzlich. Die beste Zutat der Poesie geht uns durch diese Revolutionen verloren. Wie nackt und nüchtern ist doch alles Demokratische! Ein Republikaner ist ein ganz unpoetischer Gegenstand. Man weiß bei einem solchen Kerl hintereinander, was er will; er hat nichts Verschleiertes, nichts Geheimnisvolles. Eine Welt ohne Könige ist ein Himmel ohne Götter. Alles Brimborium der Poesie geht zum Teufel. Für einen demokratischen Zeitungsschreiber, für einen republikanischen Advokaten werde ich mich wahrhaftig nie begeistern, und stände er auch an der Spitze eines Reiches und geböte über Millionen.

Sie sollen mal sehen, für die nächste Zeit ist es mit der Poesie vorbei. Vergebens werden sich die Besten anstrengen, aus Rosen und Lilien die schönsten Verse zu flechten – der demokratische Dunst unsres Jahrhunderts wird wie ein garstiger Höh'rauch darüber herwehen und das Geschaffene auf eine unheimliche Weise verderben. Mit den Königen sinken die Dichter.«

»Aber, lieber Herr Professor«, versetzte ich meinem Freunde, »Sie können auch nicht verlangen, daß die ganze Welt nur für die Poesie in der alten Weise fortexistiere.« – »Allerdings«, meinte er, »allerdings kann ich das verlangen. Die Poesie ist das einzige, was Wert hat. Die ganze Welt der Griechen existierte nur, damit wir einen Homer bekämen.«

Der Gourmand, der Herr Kreuz, ist nicht so geistig ausgebildet wie der Professor. Er versicherte mir gestern, alles wanke, nur nicht sein Appetit. Als ich ihn in seinem Hotel nach dem Essen abholte, da lagen auf seinem Teller sieben Heringsschwänze. »Ich esse nichts anderes mehr als Heringe«, bemerkte er, »von wegen meines Durstes nach Franzosenblut. Ich empfehle dies allen Wohlgesinnten.«

Hier trägt das Manuskript des ehrenwerten Tagebuchschreibers einen großen Tintenklecks.

Gleich darunter sind nur noch die Worte gekritzelt: »Der Literat Warze stürzt atemlos ins Zimmer – es muß ein neues Malheur in der Welt los sein.« – –

Kriegserklärung der schwarz-weißen gegen die schwarz-rot-goldnen Annoncen

Wir simpeln, anspruchslosen Leute in der Provinz, die wir unsern billigen Piesporter trinken, wir schauen mit einer gewissen Ehrfurcht nach der Residenz hinüber, wo man Weißbier genießt und die Geschicke der Welt entscheidet.

Wie mag es doch in der Residenz aussehn? fragte ich mich oft. Die Frauen haben gewiß kleinere Füße wie hier. Die Friseure tragen gewiß größere Locken wie die unsrigen. Welch geistreiche Barbiere wird es nicht in Berlin geben! Ähnliche Betrachtungen überstürzten mich stets in Menge.

Eine gewisse Scheu, eine gewisse Ängstlichkeit hat mich bisher abgehalten, Berlin einmal beim Lichte zu besehen, von Angesicht zu Angesicht, so recht in der Nähe, Nase gegen Nase. Ich würde mich gar zu komisch in meinem Provinzialrock ausnehmen, in meiner Sonntagshose, in der grünen Krawatte, mit dem ehrlichen, gutmütigen Gesichte, das uns Provinzialisten eigentümlich ist.

Berlin muß eine wunderschöne Stadt sein! Und nun vollends erst nach der Revolution, nach der Umwälzung des Straßenpflasters, wo jeder rauchen darf! Große Errungenschaft!

Ach Gott! Bis auf den heutigen Tag blieb ich in Köln.

Ich habe Berlin noch immer nicht gesehn: Das Bild muß mich daher für die Wirklichkeit entschädigen – um doch wenigstens zu erfahren, wie es in Berlin hergeht, lese ich die »Vossische Zeitung«, d.h. die Annoncen.

Die Annoncen waren bisher immer das einzige, was ich von einer Zeitung verdauen konnte. Die Politik verachte ich; nichts ist langweiliger als so ein leitender Artikel über irgendein konstitutionelles Kamel, über einen republikanischen Elefanten oder über anderweitige Tiger, Esel und Maulwürfe.

Die Politik ist herzlos; die Annoncen voller Gemüt. Lauter Bekenntnisse schöner Seelen. Hier ein Glückwunsch, dort ein Steckbrief, dann eine Fallite, ferner ein Stellgesuch usw. Man tut da tiefe Blicke in das menschliche Leben, und man begreift, wie Gott alles weise geordnet hat und wie die Welt voll ist seiner Güte.

Annoncen sind poetisch!

Wenn ich lese, daß frische Heringe angekommen sind, denke ich da nicht auch an den Heringsfang, an die Gefahren der See, an den Donner der Brandung, an den Flug der Möwe, an den Fliegenden Holländer – den einzigen interessanten Holländer, den es je gegeben hat?

Sehe ich, daß man eine neue Sendung Zitronen ankündigt, fallen mir da nicht sofort die Orangenwälder Italiens ein, der tiefblaue Himmel jenes seligen Landes, Venedig und Neapel, Raffael und Tasso, der Heilige Vater und mein verstorbener Onkel Jakob, dem man einst in der Romagna 14 preußische Friedrichsdor straßenräuberte?

Annoncen sind meine Leidenschaft. Ich schwärme für Annoncen. Die Annoncenliteratur ist die einzige, welche der Nachwelt aufbewahrt zu werden verdient.

Die Annoncen der »Vossischen Zeitung« liebe ich aber über alles. Ganze Mitternächte, wenn andere Leute sich längst in den Wein, in die Liebe oder in die Betten versenkt haben, da brüte ich noch über den Annoncen der »Vossischen Zeitung« wie ein Türke über dem Koran, wie ein verständiger Ochs über einer leeren Krippe, wie ein Kuckuck über fremden Eiern.

Haben Sie je schon einmal die »Vossische Zeitung« gesehen?

Sie ist auf dem elegantesten Löschpapier gedruckt, welches die ältere und die neuere Zeit aufzuweisen hat. Solange die Welt stand und solange der »Hamburgische unpartheyische Correspondent« auf Tabakstütenpapier erschien, solange erscheint auch die »Berlinische« oder die »Vossische Zeitung« geradeso, wie sie augenblicklich vor mir liegt.

»Königlich privilegirte Berlinische Zeitung von Staats- und gelehrten Sachen. Im Verlage Vossischer Erben«, so heißt es am Kopfe des Blattes. Gleich darunter folgt dann unser preußisches Wappen, der Adler mit der Krone, gehalten von zwei wilden Männern, ähnlich denen, die man auch auf Wirtshausschildern sieht, namentlich in Krefeld bei Hornemann, dem ewigen Jüngling, der das bekannte, außerordentlich gute Diner gibt, zu 20 Silbergroschen preußisch, ohne Wein, um 1/2 2 Uhr mittags.

Die »Vossische Zeitung«, dieser klare Born der Intelligenz in der uckermärkischen Sahara: er war mein Trost in der Dürre des Lebens. Ich liebe ihn wie einen alten Schlafrock, wie einen warmen Pantoffel, wie einen treuen Hosenknopf.

Die »Vossische Zeitung« fand ich probat zu allen Zeiten, wenn ich lachen wollte, weinen, schlafen, mich ärgern, mich zerstreuen, mich schämen für das Vaterland oder mich nicht schämen an dem Orte, wo keine Scham ist.

Durch die »Vossische Zeitung« lernte ich auch Berlin kennen. Ich kenne Berlin, trotzdem daß ich nie da war. Ich kenne es wie ein Polizeidiener, wenn er nüchtern, wie ein Eckensteher, wenn er betrunken ist. Sollte je einmal Berlin durch Feuer, Wasser, Schwefel, Sand, Bier untergehen oder als deutsches Andenken von unserm Freunde Nikolaus wie ein Zahnstocher in die Westentasche gesteckt werden, so mögen nur die wohllöblichen Versicherungsanstalten zu mir kommen, und ich will ihnen aufgeben, wie das Verlorene zu ersetzen ist an Menschen, Häusern, Lieutenants, Wagen, Pferden, Pudeln usw.

Aus der »Vossischen Zeitung« lernte ich auch das einzige, was ich von Politik und von dergleichen unwichtigem Zeuge weiß. Mit Schrecken sehe ich nämlich, daß seit der Revolution, von der ich zufällig etwas erzählen hörte, zwei sehr bestimmte Parteien in Deutschland entstanden sind, die sich, wie Anhänger der weißen und der roten englischen Teerose, dereinst gewaltig in die Haare zu fallen drohen.

Die eine dieser Parteien soll sich, nach der »Vossischen«, namentlich in Süddeutschland aus schwarz-rot-goldnen Kappen, Pfeifenköpfen und Uhrbändern entwickelt haben, die einige alte Burschenschaftler in ihrem Herzen und in ihren Rumpelkammern zufällig aufbewahrten.

Die andere Partei, die gewöhnlich den Dativ mit dem Akkusativ verwechselt, hat sich dagegen unsere alten guten Farben: Schwarz und Weiß, in den Stürmen der Zeit bewahrt und läßt diese durch die Lüfte flattern. Lange habe ich nicht begreifen können, was diese Couleuren miteinander zu hadern haben. Erst seit ich den Personen auf die Schliche gekommen bin, welche die beiden Parteien repräsentieren, ist mir alles deutlich geworden.

Zu den Schwarz-Rot-Goldnen gehören alle möglichen und unmöglichen Menschen, von dem ersten Professor bis zum letzten Pedell, von Gervinus in Heidelberg bis zu Franz Fleutchen in Bonn. Die Schwarz-Weißen werden dagegen repräsentiert durch den Dr. W. Bötticher, durch den Wehrreiter im 20. Landwehr-Kavallerie-Regiment, Schlesinger, durch einen westpreußischen Landwehrmann des Kreises Conitz, durch den vormaligen Gymnasiallehrer A. Drahn, durch den Herrn F. von Bülow und durch einen geborenen Berliner.

Wie gesagt, die schwarz-weißen Annoncen stehen in offener Fehde mit den schwarz-rot-goldnen. Die letzteren halten sich noch etwas zurück. Die erstern werden aber mit jedem Tage hitziger, und wie mutige Trompeter sprengen sie über die löschpapierne Fläche der »Vossischen Zeitung«. Da haben wir z.B. unsern Wehrreiter im 20. Landwehr-Kavallerie-Regiment, Schlesinger; das ist so ein Haupt-Annoncenhahn.

»Kameraden!« ruft er der preußischen Landwehr zu. »Werdet ihr auf Befehl des Reichskriegsministers von Peucker am 6. August d.J. dem Erzherzog Johann von Österreich als Reichsverweser Deutschlands huldigen??? Ich nicht! Nach Preußens König huldige ich nur einem, und dieser ist der edle Prinz von Preußen! Ihm bringe ich ein dreimaliges Hurra und rufe wiederholentlich: Er lebe als General en chef der Heere Preußens! Ich bin kein Österreicher! Ich bin ein Preuße, Schwarz und Weiß sind meine Farben.« Kann man sich einen mutigeren Wehrreiter denken als diesen Schlesinger in Charlottenburg?

Man braucht nur die Annonce zu lesen, und der ganze Mann steht vor einem, wie er leibt und lebt. »Kameraden!« ruft Schlesinger aus. Man sieht, wie er mit dem Fuße auf die Erde stampft, wie er den blonden Schnurrbart streicht und wie sich sein rotwangiges, von Sommersprossen übersätes Antlitz in martialische Falten verzieht. »Kameraden!« – Die Anrede hat etwas feierlich Verwegenes; man meint nicht anders, als daß Schlesinger uns mitteilen würde, wie er kleine Kinder fräße, Türklinken, Schuhnägel, Branntweingläser, Ratten und Mäuse. »Kameraden!« sagt Schlesinger. »Werdet ihr dem Erzherzog Johann huldigen?« Man sieht, wie Schlesinger seinen Handschuh auszieht, um ihn sofort zur Fehde hinzuwerfen, falls man seine Frage bejahen werde. Aber er wartet die Antwort gar nicht ab. »Ich nicht!« setzt er hinzu, und die Zähne blitzen durch seinen Schnurrbart. Schlesingers Herz pocht in vollen Schlägen; seine grauen Katzenaugen flammen vor Entrüstung. Schlesinger ist schön, trotz des blonden Schnurrbarts und trotz der Sommersprossen.

»Nach Preußens König huldige ich nur einem, und dieser ist der edle Prinz von Preußen!« Man meint, der Kulminationspunkt der Schlesingerschen Beredsamkeit sei gekommen. Der Wehrreiter Schlesinger macht einen Eindruck, den man fürs ganze Leben im Gedächtnis behält. Aber da kommt noch das Beste. »Ich bin ein Preuße, Schwarz und Weiß sind meine Farben!« – Da haben wir's! Wie Gottes Cherub vor dem Paradies steht der Wehrreiter Schlesinger vor dem Thron. Gut gebrüllt, Schlesinger! Du hast einen Doppelkümmel verdient, echten Brandenburger Doppelkümmel – Schlesinger, ich achte dir!

Nach der Annonce des einzelnen Wehrreiters kommt eine Adresse der westpreußischen Landwehr des Conitzer Kreises. Was wir eben aus einem einzigen Munde vernahmen, es wird uns jetzt massenweis entgegengedonnert.

»Die Frankfurter Bundesversammlung hat zum 6. August eine Huldigung für den deutschen Reichsverweser erlassen. Darauf erklären wir: daß wir demselben nicht huldigen, sondern unserm preußischen König allein treu bleiben werden! Ein braver Soldat kann nur einem Herrn dienen, und wir hoffen mit Zuversicht, daß alle unsere Kameraden diesem Beispiel folgen werden.«

Edle westpreußische Landwehr, man sieht, daß du dankbar für deine genossenen Kommißbrote bist. So etwas tut wohl. Man merkt doch, daß man in Preußen ist. Diese kühlen blonden Conitzer können nur *eine* Liebe haben. Saint-Just sagte, die Welt sei leer seit den Römern. Die Conitzer Landwehr ruft aus: »Es gibt nichts außer Preußen!« Wie wird sich Schlesinger freuen, wenn er die Adresse dieser Westpreußen liest!

Dem tapfern Wehrreiter und den westpreußischen Landwehrleuten folgt Herr F.v. Bülow. Die Vossischen Erben haben an diesem Manne einen Goldmann. Seine Annoncen sind lang wie die Langeweile; teilweise groß gedruckt. – Die Vossischen Erben werden diesen Mitarbeiter zu schätzen wissen. Der Herr v. Bülow gibt eine geschichtliche Abhandlung, die mit 1810 beginnt und mit 1814 endet. »Wer«, fährt er dann fort, »wer hat der Frankfurter Nationalversammlung die Macht gegeben, den 16 Millionen Einwohnern des preußischen Staates ihre mit Blut erkauften Rechte zu nehmen? Ist denn das ganze preußische Volk befragt worden, ob es den Erzherzog Johann statt seines konstitutionellen Königs zum Oberfeldherrn haben will?«

Der Herr von Bülow hat recht. Die Frankfurter Versammlung nimmt sich Sachen heraus, die haarsträubend sind. Sie kehrt sich weder an Beelzebub noch an Herrn von Bülow – diese Versammlung! Diese zusammengelaufenen Professoren und Advokaten! Ist es nicht eine Schande?

Ein Herr Brm. in Potsdam ist derselben Meinung; er weiß, wie es mit der Frankfurter Versammlung aussieht: »Die Bestimmungen über die Zentralgewalt in Deutschland sind nur ein bloßer Entwurf dreier sonst berühmter Professoren, die hier aber bloß bekundet haben, daß nicht alle hochglänzenden und überkonsequenten Theorien für die Praxis taugen.« Herr Brm. ist ein praktischer Mann; aus ihm kann noch etwas werden – Herr Brm.; wenn er auch gerade kein Abgeordneter zu der Frankfurter Versammlung wird – Herr Brm. Jedenfalls hat er eine Zukunft – Herr Brm. Er wird sich einen Namen machen – Herr Brm. – Einen *schönen* Namen hat er schon.

Die »Vossische Zeitung« ist reich an Annoncen, reich wie das Meer an Fischen, wie der Himmel an Sternen, wie eine Kaserne an Flöhen.

Die Annonce des Wehrreiters, der Conitzer Landwehr, des Herrn von Bülow und des Herrn Brm. – alles das wird indes von einer Anzeige des Dr. W. Bötticher übertroffen. Wir schwören hierdurch bei allem, was uns nicht heilig ist, daß wir diese Anzeige unverstümmelt abschreiben wollen:

O Land, Land, Land! Höre des Herrn Wort.
(Jerem. 22, 29)

1) »Niemand kann zweien Herren dienen. Entweder er wird einen *hassen* und den andern *lieben,* oder wird einem *anhangen* und den andern *verachten.*« Matth. 6, 24. Wer das liest, der *merke* jetzt darauf!
2) »*Wer das Schwert nimmt* (Gewalt sich anmaßt gegen die Obrigkeit), *der soll durchs Schwert umkommen*« (Todesstrafe erleiden durch die Obrigkeit. Röm. 13, 2, 4.). Matth. 26, 52. Wer das liest, der *merke* jetzt darauf! denn so spricht der, dem »alle *Gewalt gegeben* ist im *Himmel* und auf *Erden*« (Matth. 28, 18.) und der *kein* Gesetz, auch nicht das vom *Gewissen* bezeugte und ins *Herz* geschriebene *Vernunftgesetz* (Röm. 2, 15.) je auflöst (Matth. 5, 17.), *der Richter der Lebendigen und der Toten.*

Dr. W. Bötticher

Herrliche unverstümmelte Anzeige! Ist dieser Dr. Bötticher nicht bibelfest? Wie viele protestantisch-pietistische Kränzchen und Konventikelchen hat der Herr Doktor nicht durchmachen müssen, ehe es ihm gelang, so gewandt mit Bibelzitaten um sich zu werfen! Dieser hamsterfromme Doktor ist nicht weniger gegen die Schwarz-Rot-Goldenen erbost als der tapfere Schlesinger. »Niemand kann zweien Herren dienen«, sagt der Herr Doktor uns, »wer sich Gewalt anmaßt, der soll durchs Schwert umkommen.« Entweder müßt ihr zu dem Schwarz-Weißen oder zu dem Schwarz-Rot-Goldenen treten. Der blasse, teeberauschte Doktor ist unerbittlich. »Land, Land, Land! höre des Herrn Wort.« O ihr Schwarz-Weißen, hört des Herrn Wort, des Dr. Bötticher!

Wenn der Dr. Bötticher vor lauter Bibelsprüchen eigentlich gar nicht zu Worte kommt, so drückt sich der vormalige Gymnasiallehrer A. Drahn um so verständlicher und kürzer aus.

»Warum aus einem Lande einen Fürsten wählen, wo bis jetzt der Stock regierte?« Stockfisch von einem Gymnasiallehrer, hast du nicht selbst dein halbes Leben lang den Stock geführt und deine Jungen geprügelt? Die »Vossische« ist unerschöpflich. Auch in Versen führt sie die schwarz-weiße Begeisterung Berlins mit sich. Da singt ein Mensch namens Julius Spatz:

»Es schallt dem Landesvater
Ein dreifach donnernd Hoch!
Es ist der beste Rater,
Doch ach, ein Volk, es log.

Sein Herz bleibt groß und edel,
Er manches gleich vergißt,
Sonst müßte mancher Schädel
Längst hängen am Gericht.«

Es graust uns. Selig der, welcher vergessen kann! Mit Herrn v.H. in einer andern Annonce rufen wir aus: »Vergessen wir die Vergangenheit, schwarz wie die tief ergreifende Sonnenfinsternis.« Kann man sich etwas Schöneres denken? – »schwarz wie die tief ergreifende Sonnenfinsternis!« Man sieht, daß die Schwarz-Weißen köstliche Kerle zu ihren Verteidigern haben. Tief ergreift uns ihre schwarze Verstandesfinsternis.

Ein außerordentliches Schriftstück ist indes auch noch »Der letzte Wunsch eines 94jährigen preußischen Veteranen«:

»Gnädiger Gott, gewähre die letzte der Bitten
Einem zitternden Greis, der treu im Dienste des Staates

Gekämpft, geblutet für seine geliebten Monarchen! –
Laß ihm noch sehen vor seinem nahenden Ende,
Seinen König und Herrn *gebietend,* doch auch geliebet
Von seinem Volk, und *herrschend* im *preußischen* Lande –
Nicht untertänig sei *Er* dem fremden Fürstengeschlechte,
Nicht untertänig Sein *Volk,* das kühn errang sich die Freiheit. –
Laß ihm noch sehen, wie frei der preußische Adler
Hebet sein Haupt dreist zu der Sonne empor,
Ohne die Fänge des Doppeladlers zu fürchten,
Noch sie zu suchen zum Schutz, weder von Ost noch von Süd.
–

Potsdam, im Juli 1848.

z P.«

Die Poesie dieses alten Maulwurfs hat etwas Rührendes. Einem 94jährigen Veteranen ist es nicht übelzunehmen, daß er schwarz-weiß bleiben will sein Leben lang und daß er die schwarz-rot-goldne Couleure haßt, die Farbe, die er einst an Pfeifenquästen sah und an revolutionären Pfeifenköpfen. Mit geschwungener Krücke steht dieser 94jährige Veteran vor der Tür seiner Hütte, brummend und polternd, um sich die junge, lasterhafte Welt vom Leibe zu halten, die mit ihren Gelüsten so frech vorüberstürmt und auch gern den alten Mann mit hinein in ihren Strudel reißen möchte. Was bei dem sommersprossigen Wehrreiter der reine Schnapsenthusiasmus, was bei den Landwehrmännern des Conitzer Kreises die bloße Kommißbrotbegeisterung, was bei Herrn von Bülow und Herrn Brm. die göttliche berlinische Affektation, was bei dem Dr. W. Bötticher der blasse, protestantische Teepietismus und was bei den Dichtern Schatz und v.H. die tiefergreifende schwarz-weiße Verstandesverfinsterung zuwege brachte, das kommt in dem zornigen Gebet des 94jährigen Veteranen endlich als etwas Natürliches, wirklich Empfundenes zum Vorschein, und der Spott geht uns aus, die Waffe des Humors versagt uns den Dienst, wir eilen dem würdigen Veteranen entgegen, wir drücken ihm die Hand, und wir bitten ihn, sich ruhig in sein ehrliches Grab zu legen, wo niemand seinen Schlummer stören wird

bis zu der Stund,
Wo die Posaune tönet

Und wo des Himmels goldner Grund
Vom Schritt der Helden dröhnet.

So haben wir denn die »Vossische Zeitung« mit ihren Annoncen und Kriegserklärungen so aufmerksam wie möglich durchstudiert.

Wir sehnten uns nach Berlin – aber auf einmal vergeht uns wieder alle Lust.

Am Ufer des schönsten aller Ströme stehen wir: die Sonne lacht herab auf unsere Hügel, unsere Täler. Wir schwingen unsere Römer, und die kleinen lustigen Gassenbuben singen durch die Straßen der alten, der heiligen Stadt Köln:

»Freiheit und Republik,
Wären wir erst die Preußen quick.«

Fragment einer Warnung vor der »Neuen Rheinischen Zeitung«

[Der Anfang des Manuskripts ist nicht überliefert.] [...] und Doppelmittel und Kanon endlich, wie Familienväter von wohlbehäbiger Fülle. Allen diesen folgte indes auch noch die Frakturschrift, jeder Buchstabe ein Grenadier. Antiqua dann, jede Type ein Professor. Hierauf Kursiv und Kanzlei, Advokaten und Landesgerichtsräten ähnlich; gotische Schrift dann, wie der Dombaumeister mit sämtlichen Steinmetzen, und zuletzt die fette Schrift, langsam nachwackelnd wie feiste Holländer.

Kurz, alle Schriftarten, die zum Druck einer Zeitung nötig sind, stiegen, untermischt von Frage- und Ausrufungszeichen, von Punkten, Kommas und Semikolons, aus ihren Fächern und eilten mit dem wildesten Lärm wie zu einer Volksversammlung in die Mitte des Zimmers. Auf einem morschen Stuhle thronte hier der Geist des frühern »Rheinischen Beobachters« in Gestalt seiner letzten unglückseligen Nummer. Alle Schriftsorten hatten sich um ihn herumgestellt; er fing folgendermaßen zu reden an:

»Teuern Freunde! Geliebte in dem Herrn! Möge der Geist des Absolutismus mit mir sein und mit dieser Versammlung. Der Geist des Absolutismus erhebe sich über euch und sei euch gnädig; der Geist des Absolutismus lasse sich auf euch herab und gebe euch seinen Frieden, Amen.

›Wenn euch die bösen Buben locken, so folget ihnen nicht!‹ Dies sind die Worte der Heiligen Schrift, welche wir unserer heutigen Betrachtung zugrunde legen wollen. Teuern Freunde, geliebte Gemeinde, ich bin der Geist des ›Rheinischen Beobachters‹. Ihr wißt, daß ich tot bin. Ich starb an einer häßlichen, schmerzhaften Krankheit: ich starb an der Revolution. Ich führte ein kurzes, aber schönes Dasein. Ich hatte nur 400 Abonnenten, aber es fehlte mir selten an Geld. Nie hat es einen größeren Widerspruch gegeben; aber ihr kennt die ewig sprudelnde Quelle der uckermärkischen Sahara, die allein meinen Gelddurst stillte. – Ich bin tot und vergessen. Ich teile das Schicksal alles Großen und Edlen. Vielleicht daß nur noch der alte gute Professor Bercht an mich denkt, der ehrliche Mann, der mich mit der Schere und dem Rotstift so trefflich redigierte und der mir die Augen zudrückte, weinend und schluchzend, als alles verloren war. Ich bin tot und vergessen, und meine sämtlichen Nummern werden schon den Weg alles Irdischen gegangen sein, als Tütenpapier, als Fidibus oder als jene nützlich komfortablen Blättchen eines Ortes, der alle Wunder der Schöpfung von der unvorteilhaftesten Seite sieht. Oh, wenn ich daran denke, so will mir das Herz zum zweiten Male brechen«.

Hier machte der Geist des »Beobachters« eine Pause und trocknete die hellen Tränen von seinem betrübten Totenkopfe. Die mitleidigen Typen schluchzten und röchelten aus tiefster Seele.

»Ja, es ist hart, es ist entsetzlich«, fuhr endlich der Geist fort, »so zu sterben in der Blüte der Jugend, wenn man erst 400 Abonnenten hat. Aber alles würde ich noch ertragen können, wenn ich nicht auch die Demütigung erleben müßte, daß ihr, geliebte Typen: Diamant, Perl, Borgis, Cicero, Kursiv, Gotisch usw. usw., ja, daß ihr sämtlichen Schriften, die ihr so treu die Spalten des ›Beobachters‹ fülltet, euch jetzt mit einem Male zu dem Druck eines so ruchlosen Blattes wie die ›Neue Rheinische Zeitung‹ herabläßt.« (Allgemeine Bewegung.)

»›Wenn euch die bösen Buben locken, so folget ihnen nicht.‹ Also heißen die Worte des Buches aller Bücher. Aber gefolgt seid ihr den bösen Buben, die euch verlockten; gefolgt den Priestern Baals, jenen sündhaften sieben Redakteuren, die da Anarchie und Unheil predigen; gefolgt jenen schlangenklugen Gewalten der Unterwelt, die da im Rate der Götter sitzen, denen nichts heilig ist als das Böse und deren ganzes Streben und Wirken in nichts anderem besteht als im Übel und in der Sünde.« (Allgemeiner Aufruhr.)

»Wehe, wehe über die ›Neue Rheinische Zeitung‹! – Geliebten Brüder, christliche Typen des in Gott verblichenen ›Rheinischen Beobachters‹, ich will nicht einmal erwähnen, daß die lasterhafte Zeitung, der ihr in diesem Augenblicke dient, überhaupt auf der Seite des Volkes, des großen Haufens steht und sich wenig um die vom Herrn Gesalbten kümmert, nein, dieses unheilvolle Blatt setzt sich sogar über die gewöhnlichen Regeln des Anstands und der guten alten Sitte hinweg. Lest nur die letzten Nummern der ›Neuen Rheinischen‹, und ihr werdet finden, daß die Kabinett-Ordres nicht selten hinter dem Strich neben die Korn- und Ölpreise des Neusser Fruchtmarktes gedruckt werden.« (Schändlich, schändlich! von allen Seiten.) »Ja, in diesem Blatte herrscht kein Respekt. Nicht ein einziges Mal hat man die Gewinste der Königlichen Lotterie mitgeteilt; noch keine Silbe erwähnte man von den allerhöchsten Ordensverleihungen. Allen Proklamationen aus Adressen verführerischer Gesellschaften und Versammlungen öffnete man dagegen Tür und Tor und verlieh ihnen zu gewissen Zeiten sogar den Ehrenplatz der ersten Seite!« (Abscheulich, abscheulich! von der ganzen Gemeinde.) »Auch mit den Dienern des Staates verfährt man in der herabwürdigendsten Weise. So nennt man z.B. jene ehrliche Stütze des Thrones, jenen heroischen General von Pfuel nie ohne in Klammern (von Höllenstein) hinzuzufügen. Hat man je so etwas erlebt? Aber diese ›Neue Rheinische‹ ist nun einmal der Ausbund aller Frechheit. Selbst mit den Vertretern der Nation, die augenblicklich in Berlin und in Frankfurt tagen, die ich zwar auch keineswegs liebe, die aber nichtsdestoweniger einige Achtung und einiges Mitleid verdienen, da sie von den Fürsten des Vaterlandes geduldet werden – ja, auch mit diesen sogenannten Volksvertretern geht die ›Neue Rheinische‹ so barbarisch um, daß man vor patriotischem Unwillen zerspringen möchte. Hat man nicht den edlen Gagern den ›Sturmgott‹ genannt? Tituliert man nicht den Abgeordneten Jucho stets den ›Dulder‹? Tauft man nicht den rechtschaffenen Venedey ›Jakobus‹? Und hat man nicht von Herrn von Soiron gesagt, daß er aussehe wie ein ›Kutscher‹?« (Schande, Schande! aus jedem Munde.)

»Der Geist des »Widerspruchs und der Verhöhnung durchweht das ganze Blatt, und wenn man behauptet, daß es trotz alledem mit ausgezeichnetem Scharfsinn redigiert sei, so ist dies nur ein Versuch, euch zu betören, und ich brauch euch kaum daran zu erinnern, daß der Teufel noch nie ein dummer Mann war. Ja, gerade der Stil, der Witz und die Kenntnisse der verderblichen Menschen, welche dieses Blatt schreiben, bilden das Gefährliche und das Abscheuliche desselben.« (Rauschender Beifall.)

»›Wenn euch die bösen Buben locken, so folget ihnen nicht!‹ Ja, ich kann es nicht genug wiederholen: Die ›Neue Rheinische Zeitung‹ ist ein Blatt, welches jeder gute Bürger zerreißen und verbrennen sollte, wo es ihm in die Finger fällt, man kann es nicht genug verfolgen, man kann ihm nicht genug schaden. Vergebens haben sich die Heuler aller Arten bisher verbündet, es zu unterdrücken und es zu ruinieren. Sogar einige Aktionäre waren mit in dem Komplott – es half aber doch nichts! Das Böse findet immer Absatz, und wie ich mit Schrecken bemerke, vermehren sich die Abonnenten der ›Neuen Rheinischen‹

mit jedem Tage. Eifriger liest man die leitenden Artikel, aufmerksamer studiert man Korrespondenzen und Annoncen. Doch vor allem wendet man seinen Beifall dem Feuilleton zu.« (Hier bebte der Saal von allgemeinem Gemurr und Gegrunze.)

»Ja, dem Feuilleton! diesem abscheulichen Rez-dechaussée der ›Neuen Rheinischen‹, in dem man alles Große und Herrliche mit schlechten Witzen zu überschütten strebt. Mit wahrhaft empörender Frechheit sucht der Verfasser seine Kollegen in ihren destruktiven Tendenzen zu unterstützen; es ist entsetzlich, er kann keinen ehrlichen Mann mehr zufrieden lassen, und er ist reif dafür, daß ihm ein Mühlstein an den Hals gehängt wird und daß man ihn ersäufet, wo der Vater Rhein am tiefsten ist.« (Immenser Applaus.)

»›Wenn euch die bösen Buben locken, so folget ihnen nicht!‹ So heißt unser Text, und ich muß euch wirklich aufs ernsteste ersuchen, geliebte Typen, daß ihr euch von diesen verführerischen Gesellen lossagt und ihrem schlimmen Dasein ein Ende macht. Weder die Polizei noch die reaktionären Aktionäre, noch die Heuler haben bisher zu einem erwünschten Resultate kommen können; es ist jetzt an euch, ihr Typen, die ›Neue Rheinische‹ dadurch zu ruinieren, daß ihr in Zukunft den Setzern euern Dienst verweigert, ja, daß ihr den Gehorsam aufkündigt.« (Ja! Ja! aus allen Kehlen.)

»Der Geist des ›Rheinischen Beobachters‹ hat demnach die Ehre, den anwesenden Typen die folgenden Resolutionen vorzuschlagen: In Erwägung, daß die ›Neue Rheinische Zeitung, Organ der Demokratie‹ ein Blatt der allerschlimmsten Sorte ist,

in Erwägung, daß die ›Neue Rheinische Zeitung‹ auf wahrhaft beunruhigende Weise an Abonnenten gewinnt,

und in Erwägung endlich, daß die ›Neue Rheinische Zeitung‹ mit denselben Typen gedruckt wird wie der selige ›Rheinische Beobachter‹,

[Hier fehlt eine Seite des Manuskripts.]

Unser Setzer hatte sich so ruhig verhalten, wie es einem demokratischen Setzer möglich ist. Als der Spuk aber vorüber war, sprang er laut lachend empor, und es verstand sich von selbst, daß er der Redaktion sein Abenteuer am nächsten Morgen aufs treuste und ausführlichste mitteilte. Niemand wollte daran glauben; der kleine Setzer wußte aber, was er erzählte, und als durch den immer größer werdenden

Wirrwarr auf der Setzerei der Druck und die Postexpedition stets unregelmäßiger geschahen, da gewann die Aussage des Kleinen immer mehr an Wahrscheinlichkeit, so daß man endlich nach einem allgemeinen Kriegsrat zu dem Entschlusse kam, dem Lokale des »Rheinischen Beobachters« Lebewohl zu sagen und mit der »Neuen Rheinischen Zeitung« zu dem Drucker der alten »Rheinischen« zurückzukehren.

Die Augsburger »Allgemeine Zeitung«, die »Deutsche Zeitung«, die »Karlsruher«, die konstitutionelle »Böhmer«, die »Oberpost-«, die »Leipziger Deutsche-«, die »Breslauer Zeitung« und ähnliche komische deutsche Blätter haben unseren Umzug in der trefflichsten Weise zu deuten gewußt. Man kann natürlich von den genannten Zeitungen nicht verlangen, daß sie viel Witz zutage fördern. Wir hatten aber wirklich gedacht, daß sie etwas weniger roh und plump sein würden. Von dem ersten Tage des Erscheinens der »Neuen Rheinischen Zeitung« an prophezeite schon das gesamte deutsche Zeitungsgesindel unseren baldigen Tod. Jetzt, da man sieht, daß das verhaßte Blatt immer jugendlicher emporblüht, macht man seinem Ärger in den gröbsten Lügen und Wutausbrüchen Luft. Dies ist die Manier aller literarischen Gauner, und es wäre eine Torheit, wenn man weiter ein Wort darüber verlieren wollte.

Wir lassen es daher bei dieser kleinen Notiz bewenden. Die alte »Rheinische Zeitung« machte sich häufiger den Spaß, die deutschen Blätter etwas herumzuzausen; die Zeiten haben sich seitdem geändert, und die »Neue Rheinische« hat etwas Besseres zu tun.

In einem Augenblicke, wo die Presse von ganz Europa unsere Artikel übersetzt oder abschreibt, wo der Brite in seinen Meetings dem neuentstandenen Blatte öffentlichen Dank notiert, wo der Italiener seine deutsche Mitkämpferin frohlockend begrüßt und der Republikaner der Seine unsere Räsonnements zu den seinigen macht – in einem solchen Momente können wir es wohl verschmerzen, von den Strauchdieben der vaterländischen Zeitungsliteratur ebenso geistlos als urgermanisch grob angegriffen zu werden.

Den Gassenjungen der deutschen Presse fehlt nur eines: es fehlt ihnen die Naivität der Gassenjungen.

Blödsinn deutscher Zeitungen

Die Reform.

Organ der demokratischen Partei in Berlin

(A. Ruge, Redakteur)

Seit gestern abend studiere ich an einem Artikel der »Reform«, des »Organs der demokratischen Partei« in Berlin. Dieser Artikel ist überschrieben: »*Die Königliche Botschaft und ihre Folgen.*«

Hätte ich seit gestern Steine geklopft, hätte ich den Dreschflegel geführt, hätte ich mich mit einem englischen Porterbrauer geboxt, ich glaube, ich wäre nicht so todmüde als nach dem Studium dieses Artikels.

Wer mag ihn geschrieben haben? Ein Türke? Nein, er hätte es nicht gewagt, er hätte hundert Stockprügel bekommen. Ein Chinese? Nein, man hätte ihn an den nächsten Porzellanturm gehängt. Ein Russe? Nein, man hätte ihn nach Sibirien geschickt. Ein deutscher Gelehrter? Das wäre möglich!

Ein deutscher Gelehrter wagt alles. Er fürchtet weder den Stock noch den Strick, noch eine Reise nach Sibirien. Er scheut nicht einmal die Blamage vor seiner eigenen Partei. Bei einem deutschen Gelehrten ist alles möglich. Sei mir willkommen, o deutscher Gelehrter!

»Es ist von Interesse, die Ereignisse darauf anzusehn, welche Folgen sie in sich tragen.« Mit dieser aus Holz geschnitzten Phrase beginnt der Artikel der »Reform«. Gewöhnliche Menschen würden sagen: Es ist von Interesse, den Geisterseher zu spielen, den Wahrsager oder den Kartenschläger. »Es gehört dazu nichts weiter, als daß man die Ereignisse selbst durchschaut.« Allerdings! Leider sind die Ereignisse aber nicht so leicht zu durchschauen als die deutschen Gelehrten. Die »Reform« gibt dies auch zu, indem sie fortfährt: »In unserm Falle freilich ist dies nicht leicht, *wenigstens heute noch nicht.*« Gibt es etwas Naiveres als dies »*heute noch nicht*«? Die »Reform« stellt sich hierdurch auf den Standpunkt einer Hebamme, die das Ereignis der Schwangerschaft zwar in gewisser Weise durchschaut, die aber heute noch nicht sagen kann, ob morgen ein Knabe oder ein Mädchen zum Vorschein kommen wird. Der Kartenschläger ist eine Hebamme geworden. »Heute noch nicht!« sagt die »Reform«, denn: »Es ist zweifelhaft, ob Brandenburgs Ernennung provisorisch oder definitiv, Ernst oder Scherz ist.« Da haben wir's. Das Durchschauen des Ereignisses Brandenburg verursacht unserer Freundin so ungemeines Kopfzerbrechen. Aber nur weiter, Teuerste! Es wird schon gelingen. »Wollen wir also mit völliger Sicherheit das Verhängnis wissen, welches in der Königlichen Botschaft liegt, so müssen wir dieses *Entweder-Oder* sich erst entscheiden lassen.« Hier macht die »Reform« eine Pause.

Nach allen Fratzen und Schnörkeln ist unsere Freundin, die Hebamme, mit dem überraschenden Resultate niedergekommen, daß man erst den Spaß oder den Ernst der Schwangerschaft *abwarten* muß, ehe man darüber urteilen kann, ob das Ereignis wirklich mit einem Kinde oder nur mit einer Windblase zu Stuhle kommen wird. Treffliche Kartenschläger! Weise Hebamme! Erst sieht die »Reform« das Ereignis an, um uns weiszumachen, daß sie es durchschauen würde. Dann bemerkt sie aber plötzlich, daß dies doch nicht so leicht ist, und schließlich verzichtet sie ganz darauf und zieht es vor, hübsch abzuwarten. Ich weiß etwas, sagt Peter Simpel. Ich weiß beinah etwas, nein, ich weiß doch nichts.

Der mehr oder minder gelehrte Peter Simpel der »Reform« geht jetzt näher auf den Ernst und den Scherz des Ereignisses ein. Wir müssen gestehen, daß der Scherz uns dabei ausgeht; wir werden sehr ernst. Simpels Stilübungen wirken auf uns wie ein Topf Fliedertee. Wir trocknen den Schweiß von der Stirn. Im Schweiße unseres Angesichts studieren wir Simpels Folgerungen und Schlüsse. Es ist uns, als ob wir in finsterer Nacht durch ein frisch geackertes Feld stolperten, jeden Augenblick meinen wir zu fallen und den Hals zu brechen. Der Artikel der »Reform« ist ein wahrer Dornenpfad für jeden tugendhaften Leser.

»Ist die Ernennung eines parlamentarisch völlig unbekannten Soldaten definitiv und wirklicher Ernst, nun, so ist die Nationalversammlung auf die vollkommenste Machtlosigkeit zurückgeführt.«

Kann sich ein Tertianer besser ausdrücken? »Definitiv und wirklicher Ernst«, »nun, so ist«, »vollkommenste Machtlosigkeit«. Simpel hat drei Redeperlen gefischt, die ihresgleichen suchen.

Wir geben uns Mühe, den hohen Sinn der hohen Worte zu verstehen. Der »kühne Griff« des Königs ist die Ohnmacht der Nationalversammlung, scheint die »Reform« zu sagen; wir bekommen Mut, weiterzulesen: »Ihre, nämlich die einstimmige Verwahrung der Nationalversammlung gegen ein ernstlich gemeintes Ministerium Brandenburg hätte dieses nicht verhindert zu regieren, und der Absolutismus wäre am 3. November 1848 auf die friedlichste Weise von der Welt wieder zurückgekehrt.« Kaum dem ersten Dilemma entronnen, geraten wir in neue Verlegenheit. Meint die »Reform«, daß die Nationalversammlung nur dann etwas vermöchte, wenn ihr der König scherzend gegenüberträte? Die Nationalversammlung mag sich bei Herrn Simpel für diese Artigkeit bedanken.

Aber die »Reform« sieht bereits ein, daß sie einen Bock geschossen hat. Der Grobheit folgt die Entschuldigung auf dem Fuße nach.

»Es wird wohl niemand so blind sein«, ruft sie mit Pathos aus, »um diese Idylle der Knechtschaft, dieses Verzichten des Volkes auf sein ganzes Recht ohne Gewalt für möglich zu halten.«

Das Mögliche wäre also doch wieder unmöglich? Der definitive und wirkliche Ernst wäre also doch wieder nur definitiver und wirklicher Spaß? Wir staunen über die Redekunststücke der »Reform«. Peter Simpel, der noch eben der festen Meinung war, seine eigne Nase abbeißen zu können, er sieht schließlich doch wieder ein, daß es schief darum steht, er gibt den Gedanken auf, er versöhnt sich wieder mit seiner Nase, und wir versöhnen uns wieder mit Peter Simpel; Peter ist ein charmanter Mann. Doch lesen wir weiter.

»Ein ernstliches und definitives Ministerium Brandenburg wäre nichts Geringeres als der Bruch der Krone mit der Nationalversammlung.« Nichts ist verständlicher, nichts ist deutlicher. Aber die »Reform« erschrickt darüber, daß sie so deutlich gewesen ist, und ehe wir's uns versehen, fährt sie fort: »Ist *also* (mon dieu!) der Bruch vorhanden? (Heiliger Simpel!) Ist der Krieg erklärt?

(Heiliger Peter Simpel!) Nein! er ist *dennoch* (trotz des also) nicht erklärt. »Wir halten inne, die Geduld reißt uns, nein, das ist zu stark, das geht über die Bäume! Zuerst sagte Simpel: Ich weiß etwas, ich weiß beinah etwas, nein, ich weiß doch nichts! Dann fuhr er fort: Der definitive und wirkliche Ernst ist möglich, er ist beinah möglich, nein, er ist doch nicht möglich! Und jetzt vollendet er und meint: Der Bruch ist da, er ist beinah da, nein, er ist doch nicht da!

Aber die »Reform« ist noch lange nicht fertig. Die »Reform« ist unerschöpflich. »Nein, der Krieg ist dennoch nicht erklärt«, sagt die »Reform«, »oder alle Zeichen müßten trügen. *Schon darum glauben wir es nicht, weil es niemand glaubt!*« Alle »Weisheit des Kartenschlägers, der Hebamme und Peter Simpels schwinden vor der Jedermanns-Meinung. Der große Mann, der die Ereignisse durchschaut, er ist von der letzten Stufe seines Thrones hinabgepurzelt und in den Kot der allgemeinen Meinung gefallen, wo er mit den Gläubigen glaubt und mit den Zweifelnden zweifelt, mit einem Worte, Peter ist endlich an seinem Platze – leider an einem sehr untergeordneten.

Die »Reform« schließt jetzt die 34 Zeilen lange Passage, in der wir nicht mehr als 17 Stilfehler, Simpeleien und Widersprüche entdeckten, mit der glorreichen Phrase; »So (!) wäre *also* (!!) das Ministerium Brandenburg nur eine Ephemere; es wäre nicht ernstlich damit gemeint. *In diesem Falle* muß ein Ministerium aus der Versammlung hervorgehen, und wir hören, daß an ein Ministerium Kirchmann-Rodbertus gedacht wird.«

Nach der »Reform« verhält sich also der König der Nationalversammlung gegenüber rein scherzhaft. Der König hat vollkommenes Recht hiezu. Größeres Recht haben wir aber noch, uns der »Reform« gegenüber scherzhaft zu verhalten, und wir gestehen daher der »Reform«, daß es wirklich sehr scherzhaft mit seinen Lesern umgehen heißt, wenn man sie erst mit den mystischsten »Durchschauungen« ködert, um sie hinterher mit den konfusesten Trivialitäten im Stich zu lassen.

Die »Reform« ergeht sich nun noch in nicht weniger unglücklichen Wendungen als bisher über die möglichen Chancen eines möglichen Ministeriums Kirchmann-Rodbertus. Wir verschonen unsre Leser und uns selbst mit diesen Tiraden, wir können aber nicht der Versuchung widerstehen, wenigstens noch das anzuführen, was die »Reform« mit Hintenansetzung des genannten Ministeriums als *ihr* Heilmittel anzuempfehlen wagt. »Dessau müßte man sich zum Muster nehmen!« ruft die »Reform« aus. »In dieser (!) Form (! – in dieser Form Dessau) ist eine Versöhnung des Alten und des Neuen, die man eine ehrliche nennen kann. (Ehrlicher Simpel!) Nehmt sie an, wählt ein Ministerium der äußersten (Peter Simpel als äußerster Ministerpräsident!), das heißt der konsequenten Demokratie: und ihr habt eine glorreiche Genesung von dem innern Fieber und von der äußern Ohnmacht. Ihr gründet das *neue Deutschland,* und honny soit, qui mal y pense! Doch wir verirren uns. – –«

Allerdings! Peter Simpel den Hosenband-Orden für diese Verirrung! Lang lebe die »Reform«, das »Organ der demokratischen Partei« in Berlin, und lang lebe Peter Simpel, ihr Ereignis durchschauender Denker! Welch eine Partei und welch ein Denker! Es gibt nur eine »Reform«, und Peter Simpel ist ihr Prophet.

Er ist heruntergesimpelt
Und weiß doch selber nicht wie.

Das »Neue Preußische Sonntagsblatt« der Kreuzritterin

Die »Neue Preußische Zeitung«, ein Blatt, welches wir besonders lieben, dem wir unsere ganze Aufmerksamkeit schenken, läßt seit dem 17. d. Mts. eine wöchentliche Zugabe auf Löschpapier erscheinen. Unsere Leser werden begreifen, daß diese löschpapierene Zugabe nicht anders heißen kann als: »Neues Preußisches Sonntagsblatt«. – Den Titel dieses Sonntagsblattes schmückt ein etwas heruntergekommener, gerupfter Adler, der sich mit einer Schlange amüsiert. Die Schlange scheint ein sehr anständiges Tier zu sein. – – Augenblicklich liegt sie zwar zuunterst, aber wir bitten unsere Leser, die Hand aufs Herz zu legen und uns zu gestehen, ob der arme Adler nicht trotz alledem in einer ganz verzweifelten Position ist? Ein einziger derber Schlag mit dem Schwanze – und der Vogel ist tot. Armer Adler! Scheußliche Schlange!

Die erste Nummer des »Sonntagsblattes« hat uns mehr Vergnügen gemacht, als der Herr Verfasser vielleicht denkt. So etwas liest man nicht alle Tage. Und wenn alle Politiker der Welt ihre Köpfe zusammensteckten, sie brächten noch keine erste Nummer des »Neuen Preußischen Sonntagsblattes« zustande. Ja wahrhaftig, das »Sonntagsblatt« der Kreuzritterin ist die Odyssee des Ministeriums Manteuffel.

Wir bitten unsere Leser um Andacht, um sehr viel Andacht, denn wir werden den ersten Artikel des »Sonntagsblattes« wörtlich folgen lassen:

»Lieben Landsleute!« ruft das »Sonntagsblatt« aus. »Wir leben in einer seltsamen Zeit heuer, und es ist notwendig, daß auch ihr, die ihr euch sonst um die große Welt eben nicht bekümmert, daß auch ihr jetzt immer wißt, was im Lande passiert, was die Glocke geschlagen hat. Darum will ich euch alle Woche einen Bogen schicken, auf dem schwarz auf weiß, kurz und erbaulich zu lesen sein soll: was unser König macht, was die Preußen treiben, wie's in Berlin steht und im übrigen Deutschland. Ferner soll darauf stehen, wie sich der Kaiser von Rußland befindet und die englische Königin und der Spanier und der Großtürke und so weiter die ganze Geschichte, wie sie die ganze Woche hindurch, vom Sonntage bis zum Sonnabend, passiert ist. (Gesegnete Mahlzeit!)

Wenn euch das recht ist, so wollen wir den Bogen ›Neues Preußisches Sonntagsblatt‹ nennen, weil's für gute Preußen geschrieben ist, d.h. für Preußen, die fest zu ihrem Könige und Herrn halten, und weil ihr's immer sonntags zu lesen bekommen sollt. Nun denn, ihr lieben Landsleute, da habt ihr den ersten Bogen, das erste ›Preußische Sonntagsblatt‹! Gefällt euch die Sache, so bleiben wir weiter zusammen und werden, denke ich, recht gute Freunde werden. Gott segne den König, unsern Herrn! Und nun: Vorwärts, marsch, mit Gott für König und Vaterland! (Vive la bagatelle!) Im lieben Vaterlande sind in der letzten Zeit gar wichtige Dinge passiert. Ihr wißt's wohl, daß der König der Nationalversammlung, die in Berlin unnütz das Geld des Landes verzehrte und die Gesetze nicht zustande brachte, befahl, nach Brandenburg zu gehen, daß etwa 200 der Abgeordneten dem Könige nicht gehorchen wollten und verlangten, der König solle seine jetzigen Minister Knall und Fall absetzen und die Nationalversammlung in Berlin lassen, sonst wollten sie machen, daß keine Steuern bezahlt würden im ganzen Lande. Aber so schießen keine Preußen nicht! (Keine Böcke nicht!) Der König schickte den alten Wrangel nach Berlin mit den Garden, ließ die Bürgerwehr entwaffnen, den Saal der Nationalversammlung zuschließen, und somit hatte die Geschichte ein Ende. Zwar waren die ungehorsamen Abgeordneten sehr böse darüber, kamen in einigen Wirtshäusern zusammen und ließen einen Zettel drucken, auf dem sie erklärten: das Land solle keine Steuern mehr bezahlen! Aber kein braver Preuße kehrte sich an den Zettel als nur in Breslau in Schlesien, und an noch ein paar Orten machten die Juden und andere Feinde des Königs Spektakel, über den die Soldaten bald Herr wurden.

Nun feierte der König seine silberne Hochzeit mit der Königin und empfing aus allen Teilen des Reiches so viele Gaben der Liebe, daß er wohl merken konnte, daß die Preußen die Alten geblieben (mit Kron und Schweif und alledem), trotz aller Bemühungen der Republikaner. Am 27. November kam denn die Nationalversammlung nach Brandenburg, und nach und nach fanden sich auch die meisten der ungehorsamen Abgeordneten ein, die 3 Taler Tagelohn schmeckten doch gar zu gut! (Bitter!) Als aber diese Menschen sich auch in Brandenburg dem Könige feindselig zeigten und ihre alten Stänkereien anfingen, da riß endlich auch dem gütigen Herrscher die Geduld. Er sagte: Ich habe meinen Preußen viele Freiheiten versprochen, ihr wollt die Gesetze darüber nicht machen, marsch, geht nach Hause, mein gutes Volk soll nicht länger warten! Darauf wurde am 5. Dezember die ganze Nationalversammlung nach Hause geschickt, und der König gab uns eine, *Charte* nennt man das, das heißt: ein großes Gesetz, in welchem alle die vielen Freiheiten festgestellt werden, die das preußische Volk künftig haben soll. Wir müssen dem Könige sehr dankbar sein für diese Charte, denn er gibt uns darin viel mehr Freiheiten, als uns eigentlich gut sind. (Vollkommen einverstanden.)

Zweierlei aber macht mich traurig bei diesem großen Geschenk. Erstlich, daß die Juden und Demokraten doch noch nicht zufrieden sind, sondern immer noch mehr haben wollen. Zweitens aber, daß diese schlechten Kerle überall die Freiheiten mißbrauchen werden. Denkt euch mal, jetzt kann jeder drucken lassen, was er will. Preßfreiheit nennt man das. Nun paßt mal auf, was die Revolutionsmacher jetzt für schändliche Lügen in die Welt schicken werden, nehmt euch in acht, daß ihr nicht angelogen werdet an allen Ecken und Enden! Seht, ich bin traurig, daß unser König so gut gewesen ist. (Man weine!) Die Ränkemacher im Lande werden's ihm mit Undank lohnen. Wir aber, wir wollen nun erst recht zu unserm Herrn halten mit Gut und mit Blut, in Not und in Tod. Sonst ist's im ganzen jetzt ruhig und still im lieben Preußenlande und absonderlich in Berlin, wo der alte tapfere Wrangel mächtig auf Ordnung hält und zum Rechten sieht, was ihm alle vernünftige Leute herzlich Dank wissen. (Schwerter geschliffen. Kugel im Lauf.)

In *Österreich*, wo die Juden und Wiener Studenten im Oktober eine abscheuliche Revolution gemacht haben, ist jetzt auch wieder Ordnung. (Gott sei Dank!) Der tapfre Feldmarschall, Fürst *Windischgrätz*

(Wendische Krätze), hat Wien mit Sturm erobert, die Rebellen beim Kopf genommen und einige zum wohlverdienten Exempel totschießen lassen. Das hat gezogen! Seitdem mucksen die Herren Demokraten nicht mehr, denn Kurasche haben sie alle miteinander nicht. Der gute Kaiser *Ferdinand* aber, der alles getan hatte, was das Volk verlangte, doch mit so schnödem Undank belohnt wurde, der hat in voriger Woche seine Krone niedergelegt, und der junge Erzherzog Franz Joseph, seines Bruders Sohn, ist Kaiser geworden an seiner Statt. Die österreichische Nationalversammlung ist auch nicht mehr in Wien, sondern in dem Städtchen *Kremsier*, was eine Stadt ist ungefähr so wie unser Brandenburg. Fürst Windischgrätz (Wendische Krätze) aber ist mit seinen Soldaten gegen die Ungarn gezogen, um die zur Räson zu bringen, denn die haben mit den Wiener Rebellen unter einer Decke gesteckt und falsches Spiel gespielt. Jetzt werden sie bald verspielt haben.

In *Deutschland* ist's jetzt auch wieder besser; seit die Republikaner gesehen haben, daß Preußen und Österreich Ernst machen, sind sie überall mäuschenstille geworden. In *Frankfurt,* wo der deutsche Reichstag ist, sehen sie endlich ein, daß es ohne den König von Preußen nicht geht, daß ihre ganze Sache nichts ist ohne Preußen. Wenn wo Spektakel ist, gleich schreien sie nach preußischen Soldaten; wenn kein Geld mehr da ist, gleich rennen sie nach Berlin und holen sich eine Tasche voll preußischer Taler, und nun wollen sie unsern König zum deutschen Kaiser machen. Immerhin, ich kann's ihnen nicht verdenken, wir aber bleiben gute Preußen und behalten unsern König, wenn er auch nebenbei deutscher Kaiser oder König ist. (Es lebe der König!)

In *Sachsen* ist eine Stadt, heißt *Leipzig;* dort haben die Feinde des Königs das Bild eines gewissen *Robert Blum,* der auch Demokrat war und in Wien als Anführer der Empörer erschossen wurde, in eine Kirche getragen, haben es an die Kanzel gehängt, und der Pastor hat müssen eine Predigt halten. Dann haben sie das schöne Lied vom Doktor Luther: ›Ein feste Burg ist unser Gott‹, gesungen. Wie gefällt euch das, Landsleute? Ist's nicht eine Sünde und Schande, solche Geschichten in einer Kirche zu treiben? Ich glaube, der selige Doktor Luther drehte sich im Grabe herum, wenn er's hörte.

In Bayern, wo das bayrische Bier gebraut wird, ist jüngst Kindtaufe beim König gewesen; da hat unser alter tapferer Prinz Wilhelm, der

Onkel unseres Königs, der Vater von der bayrischen Königin ist, Gevatter gestanden und ist recht lustig gewesen. Aber auf die Freude des wackern Prinzen ist bitteres Leid gefolgt, denn als er heimkehrte vom Kindtaufsschmause, ist sein jüngster Sohn, der Prinz Waldemar, in Münster todsterbenskrank gewesen (armer Waldemar!); doch ist glücklicherweise die Gefahr jetzt vorüber. Dieser junge Prinz Waldemar ist derselbe, der vor zwei Jahren so tapfer mit den Engländern gegen die wilden Völker in Ostindien gefochten hat. (Weit davon ist gut vorm Schuß.) Beim Könige von Württemberg und beim Herrn Großherzoge von Baden und beim Herrn Herzoge von Nassau sieht's traurig aus alleweile; das Geld ist dort ganz alle geworden, und die Einkünfte des ganzen Landes sind heidi! (Ach, das Geld ist nur Chimäre.) Dort haben nämlich seit dem März die sogenannten Volksfreunde und Freiheitsmänner regiert, und weil sie das Ding nicht verstanden haben, ist's Geldchen alle geworden, und die Leute dort müssen nun neue Steuern bezahlen. Das kommt dabei raus, wenn diese Volksmänner regieren. Na, bei uns in Preußen ist's noch gnädig abgegangen! Gott weiß aber, was draus geworden wäre, wenn Herr Hansemann (Hansemann-Pinto) länger Minister über die Finanzen, d.h. über die Staatseinkünfte, geblieben wäre. Die württembergischen, badischen und nassauischen Hansemänner haben sehr toll gewirtschaftet.

Nun kommen wir zur ausländischen Politik. Da sind zuerst die Franzosen, die jetzt schwarz werden möchten vor Ärger, daß sie sich haben eine Republik aufhängen lassen, bei der sie fast verhungern. Sie sind eben dabei, sich einen Präsidenten zu wählen, und viele wollen einen gewissen Louis Bonaparte haben, einen Neffen von dem Napoleon Bonaparte, den ihr alle kennt. Nämlich die Leute denken, der Bonaparte wird mit der schlechten, hungerleidigen Republik bald Kehraus tanzen, und dann sind wir sie doch los.

Die armen Teufel von Franzosen bereuen es bitterlich, daß sie Republik gemacht haben, aber wer nicht hören will, muß fühlen! sagt mein Gevatter. Wenn übrigens der kleine Bonaparte Präsident wird, so kann's sein, daß wir Krieg bekommen, entweder gleich oder aufs Frühjahr. Na, unsere Linie fürchtet sich nicht, und unsere Landwehr erst recht nicht. (Bange machen gilt nicht.) Sonst kann ich euch von Frankreich nichts weiter erzählen; wißt ihr, in so einer Republik, da geht alles drunter und drüber, holter polter, so daß kein ehrlicher Preuße draus klug werden kann. (Armer ehrlicher Preuße!)

Bei den Spaniern und Portugiesen ist alles in schönster Konfusion; die stehen da und wundern sich halbtot, daß die sonst so verständigen Preußen und Deutschen jetzt soviel Krakeel gemacht haben; sie können das gar nicht spitz kriegen und rauchen Zigarren dazu. (Rauchen! O Märzerrungenschaft!)

Vor den Engländern aber, ihr lieben Landsleute, da wollen wir ein bißchen den Hut abnehmen, denn die sind das ganze Jahr ruhig und verständig gewesen, haben ihre Königin, die nun eine ganze Stube voll kleine Kinderchens hat, hochleben lassen, haben viel Geld verdient und gesagt: Bei den andern Völkern muß es heuer rappeln, daß sie so dummes Zeug machen! Weiß Gott, so unrecht haben sie nicht! (Goddam!)

Der Däne und der alte Schwede, die so dicke Freundschaft den Sommer hatten, haben sich jetzt etwas verzürnt, doch werden sie sich wohl wieder vertragen. Der Däne erinnert sich mit sehr wehmütigen Empfindungen an den alten Wrangel und die preußischen Soldaten. Ich denke immer, er wird so bald keine Lust wieder verspüren, mit uns anzubinden.

Von Rußland weiß ich das Mal gar nichts, als daß die Cholera dort noch immer ist. (Und der Kaiser.)

Dem Großtürken sind neulich drei Kinder an einem Tage geboren; ihr wißt, der alte Junge (24 Jahre alt) hat so ein sechzig Stück Weiber. Mein Nachbar sagt, er hätte nur eine Frau und die machte ihm schon den Kopf gehörig warm, er wollte um alles in der Welt nicht Sultan sein und sechzig Weiber haben.

In Ägyptenland ist der grimmige Ibrahim Pascha, der vor zwanzig Jahren die armen Griechen so peinigte, gestorben. Statt seiner soll nun sein Bruder das ägyptische Land erben. Wer hat was dagegen? Ich nicht – wer noch?

Von Ägypten springen wir in die Schweiz, wo die Schweizerkäse herkommen und die himmelhohen Berge sind. In dieser Schweiz ist ein kleines Ländchen, heißt Neuenburg und auf französisch Neuchâtel, das gehört unserm Könige. Im März dieses Jahres nun, wo alles drunter und drüber ging, sind die Republikaner dort Herr geworden, und unser König hat seinen treuen Leuten dort noch nicht zu Hilfe kommen können, weil's weit hin ist und er auch sonst beschäftigt war. Die schlechten Kerle, die dort jetzt das Land beherrschen, haben nun verboten zu rufen: ›Es lebe der König!‹ – aber daran kehren sich die treuen Seelen nicht; sie rufen zwar nicht: ›Es lebe der König!‹, weil sie sonst eingesteckt würden, aber sie schreien: ›Es lebe Onkel Friedrich und Tante Elisabeth!‹ Damit meinen sie unsern lieben König und die liebe Königin. Na, es ist noch nicht aller Tage Abend, wartet nur, ihr Herren Republikaner, wir werden euch schon zur guten Stunde ein paar tapfere märkische Regimenter auf den Hals schicken oder etwas pommersche Landwehr, und die soll euch mit dem Kolben lausen. Merkt euch das! (Gemorken!)

Italien habe ich mir das Mal bis zuletzt aufgespart, weil da der leibhaftige Teufel ist. In Oberitalien zwar ist Ruhe, weil da der alte Marschall Radetzky mit 60.000 Österreichern lagert und gar keinen Spaß versteht; auch in Unteritalien ist's still, weil der König Ferdinand, Fernando heißt er auf italienisch, wieder Herr geworden ist; aber in Mittelitalien, in Rom, sieht es erbärmlich aus. Dort haben die Rebellen den Grafen Rossi, den Minister des Papstes, scheußlich ermordet. Ein Barbier durchstach ihm die Kehle mit einem Brotmesser, als er eben in die Nationalversammlung gehen wollte. Dann haben sie den Papst, der ihr Landesherr ist, in seinem Schlosse angegriffen und hätten ihn auch totgemacht, wenn ihm die treuen Schweizersoldaten nicht beigestanden hätten. Infolge dieser Geschichte ist der Papst von Rom verreist, was ich ihm gar nicht verdenken kann, und nun wissen die Römer nicht, was sie anfangen sollen. Republik können sie nicht machen, weil keiner mitmachen will, und von allen Seiten rücken fremde Truppen gegen sie an. Von oben kommen die Herren Österreicher, von unten die Neapolitaner, zu Wasser erscheinen die Franzosen, die, spaßhaft genug, dem Papst gegen die Republikaner beistehen, und der Engländer hat auch ein paar Kriegsschiffe geschickt, deren Kanonen ein ernstes Wort mitreden sollen bei der Geschichte. Die Römer, die sehr lange Beine haben, bei denen aber das Herz in den Hosen sitzt, wissen sich gar nicht mehr zu helfen und werden ihre dummen Streiche teuer bezahlen müssen. So geht's mit dem Revolutionmachen.

Bei den übrigen Nationen, bei dem fetten Holländer, bei dem Belgier, der immer in einem blauen Fuhrmannskittel läuft, und bei dem rotmützigen Griechen ist diese Zeit her nichts besonders passiert, und das ist immer besser als ein Unglück.

Auf Wiedersehen über acht Tage, lieben Landsleute!«

Einen Schnaps für diesen Artikel! Einen Schnaps! Einen Schnaps! Echten Brandeburger Kümmel!

Die »Neue Preußische Zeitung«

In Berlin erscheint bekanntlich ein Blättchen unter dem Titel »Neue Preußische Zeitung«, auch »Kreuzzeitung« und von einigen demokratischen Biedermännern, die dergleichen loyale Narrenspossen ernsthaft nehmen, sogar »Galgenzeitung« genannt – eine Benennung, die sich aus Versehen ein- oder zweimal sogar in die »Neue Rheinische Zeitung« geschlichen hat und wofür wir um Entschuldigung bitten.

Es gab eine Zeit, wo dies Blättchen durch eine gewisse burschikose Keckheit in der Behauptung von kontre-revolutionärem Blödsinn zu einem ganz angenehmen Verdauungspülverchen für gutmütige Bewunderer Nantescher Geistestiefe sich aufschwang und Denkern von der Tragweite eines Glaßbrenner eine gefährliche Konkurrenz machen konnte. Seine Witze waren wenigstens an Geschmack, Feinheit und treffender Wirkung nicht weniger würzig als die Sr. Majestät Friedrich Wilhelms IV. Allerhöchstselbst.

Man sah dem ganzen Blättchen auf den ersten Blick an, von wem es redigiert wurde. Das ganze Bureau war aus Exemplaren jener Berliner Pflanze zusammengesetzt, die man Bummler nennt und die sich zum Pariser Flâneur verhält wie die große Mina Wauer zur kleinen Déjazet. Referendarien, die am dritten Examen scheiterten, verunglückte Sekondelieutenants, unbrauchbare Postschreiber und andre ehrenwerte Staatsbürger ähnlichen Schlages, Leute, die in weniger unruhigen Zeiten ihr Leben damit verbrachten, aus einem Bierlokal sich in das andre hinüberzulangweilen, den Kellnerinnen in die Backen zu kneifen, auf Putzmacherinnen oder pommersche Dienstmädchen Jagd zu machen, ins Theater zu gehen und aus Grundsatz nie eine Zeitung zu lesen – solche interessante Charaktere blickten aus jeder Zeile des Blättchens als Verfasser hervor. Die Hauptsache war nicht die Politik, sondern die Übertragung der Bummelei in die Tagesliteratur. Für die ernsthafte Politik hatte man denn nebenbei irgendein schreibseliges verkanntes Genie von altem Beamten oder Offizier, dessen Artikel undurchgesehen in die Setzerei wanderten – und die Zeitung bummelte sich so gleichsam von selbst jeden Tag zusammen.

Das Blättchen war für Berlin etwas Neues und erregte daher ein gewisses Aufsehen. Man wußte freilich nicht, daß das Original des »neuen preußischen« Unternehmens ein viel witzigeres und amüsanteres Blättchen war, das im gottlosen Welschland, in dem verworfenen Babel Paris gedruckt wurde: »Le Corsaire«.

Der »Corsaire« war das Organ der jungen flanierenden Aristokraten- und Bankierssöhne sowie ihrer Loretten. Die Politik war – vor der Revolution – Nebensache. Die reaktionäre, bald legitimistische, bald philippistische Färbung des Blattes war bloß daraus zu erkennen, daß meist nur die Leute der Gegenpartei mit Skandal und mehr oder weniger schlechten Witzen verfolgt wurden. Die Redakteure des Blättchens waren meist Elsässer und Lothringer Juden, unter denen auch die industrielle Notabilität *Abraham* (fälschlich Alexander) *Weill* figuriert. Diese liebenswürdige Couleur literarischer Industrieritter konnte natürlich von ihren 860 Abonnenten nicht leben. Sie lebte meist von der Munifizenz der jungen reichen Flâneurs, denen sie für ein gutes Diner als Hofnarren und im Notfall auch sonst noch dienten.

Zwischen einem dieser Literaten und einem Portier soll sich vor nicht gar zu langer Zeit ein gewaltiger Konkurrenzstreit erhoben haben, als ein flotter junger Börsenwolf seine Lorette wegen herannahender Bejahrung in Ruhestand versetzte und ihr ein kleines Modistengeschäft nebst einem Ehemann zusagte. Eine andere Lebensquelle dieser Herren bestand darin, irgendeinen Schauspieldirektor, Deputierten, Beamten, Bankier – und diesmal ohne Unterschied der Partei – so lange mit erlogenem oder nicht erlogenem Skandal zu verfolgen, bis er sich durch einige Tausend-Frank-Banknoten das Schweigen des »Corsaire« erkaufte. Die Redaktionsarbeit dieser edlen Gesellschaft war pures Kinderspiel. Um ihr tägliches Blättchen fertigzubekommen, brauchten sie bloß zur ersten Lorette ihrer Bekanntschaft oder ins Café Cardinal zu gehen. Dort hörten sie, was in den heitern Zirkeln des interessanten Stadtviertels Notre-Dame de Lorette sich zugetragen hatte. Hier hat ein Deputierter des Zentrums dem andern seine Maitresse abgejagt, dort ein glatzköpfiger Börsenwolf, à l'âge, où l'on n'a plus d'amour, mais où l'on a plus de caprice, seine Aspasia in den Armen eines beau blond entdeckt, dort hat eine übermütige Lorette einen nach verschiedenen Seiten hin pikanten Einfall gehabt, und was dergleichen anmutige und kitzlige Geschichten mehr sind. Diese ganze Chronique scandaleuse, rasch mit Bleistift aufgeschrieben, in erträglich glattes, halb anständiges Französisch gekleidet, füllte täglich zwei Drittel des »Corsaire«, und solange das Blättchen sich in dieser Spezialität bewegte, hatte es zwar nur 860 Abonnenten (wovon 3/4 im Lorettenquartier), aber desto mehr Leser.

Man sieht, ein Organ wie der »Corsaire« setzt einen höheren, mehr babylonischen Zivilisationsgrad voraus, als ihn »die Residenz« Berlin liefern kann, und jedenfalls war es nicht weniger honett, aber weit amüsanter, den »Corsaire« zu redigieren als die »Neue Preußische Zeitung«, obwohl die betreffenden Literaten in beiden Fällen meist nur das Zusehen hatten. Aber da kam die Februarrevolution. Die »Protektoren« des Quartier Notre-Dame de Lorette flogen nach allen Richtungen auseinander, nach England, nach Belgien, in die Provinzen. Die Loretten sanken entsetzlich im Preise. Königinnen von Mabille und vom Château Rouge, die früher einen Liebhaber von 20.000–30.000 Franken Renten in sechs Monaten zu ruinieren gewohnt waren, sanken herab zur Soupe à l'ognon und suchten, wen sie verschlängen. Ein ganzes Stück Paris, das Paris des »Corsaire«, war mit einem Schlage vernichtet und verschwunden. Wie der Arbeiter die Tuilerien, so hatte die Grisette den Boulevard des Italiens erobert.

Da war Heulen und Zähneklappen in den Bureaus des »Corsaire«, und einstimmig beschloß die Redaktion, sich mit Todesverachtung der Kontrerevolution in die Arme zu werfen. Der lasterhafte »Corsaire« tat Buße. Die verlockenden Boudoirszenen verschwanden. Die Historiographen der galanten Abenteuer der Jeunesse dorée begeisterten sich plötzlich für Moral, Tugend und Familienglück und richteten die ganze Entrüstung, deren ihr sittliches Gefühl fähig war, gegen die verderblichen Lehren der Sozialisten von der Ehe. Sie, die bisher durch allerlei oft ganz hübsch angelegte Spekulatiönchen den Champagner zu ihrem Dessert verdienen mußten, erhoben plötzlich ihre Stimmen für die Heiligkeit des Eigentums gegenüber den sozialistischen »Räubern«. Allerdings, die Schilderungen Fouriers aus dem ehelichen Leben sind noch viel ergötzlicher als die pikantesten Loretten-Anekdoten des »Corsaire«, und mit den von demselben Fourier enthüllten alltäglichen Prellereien im Handel und Wandel können weder die im »Corsaire« geschilderten Börsencoups noch die von seinen Redakteuren selbst ausgeübten Geniestreiche konkurrieren.

Mit einem Wort: der »Corsaire« wurde *honett*, und das war sein Untergang. Er mag jetzt mehr Abonnenten haben, aber er hat weniger

Leser. Das tut aber alles nichts; seine Redakteure, früher manchmal arme Schlucker, gehen jetzt feiner gekleidet, haben mehr Fonds, trinken mehr Champagner, und wo sie früher *eine* junge Lorette hatten, haben sie jetzt zehn bejahrte Bourgeoisfrauen.

Ob auch bei der Redaktion der »Neuen Preußischen Zeitung« soviel herauskommt, ist ziemlich fraglich.

Die »Neue Preußische Zeitung« nun ist die Berliner Abspiegelung des Pariser »Corsaire«. In ihrer ersten Epoche, als der Bummler noch vorherrschte, war sie von Anfang bis zu Ende Skandalchronik, und man sah ihr an, wie sehr der »Ernst der Ereignisse« und die vorgebundene Maske der sittlichen Entrüstung diesen im Grunde ihres Herzens äußerst gutmütigen Leuten zuwider war. Ihr *Haß* gegen die Revolution kam eigentlich bloß daher, weil die Revolution sie in das der Bummelei gestört und auf das ennuyante Gebiet der Politik geschleudert hatte. Ihre Hingebung für das Haus Hohenzollern beschränkte sich auf die Gewöhnung an die interessierten Loyalitäts- und Kontrerevolutionsphrasen, die die ganze Unterhaltung ausmachten in den Geheimratstees und in den Hungerfestins uckermärkischer Don Ranudo de Colibrados', in die sie sich hineingebummelt hatten. Natürlich – wer sollte nicht ein guter Preuße werden, wenn er wöchentlich mehrere Abende in Gesellschaften zubringt, wo zwanzig bis dreißig der edelsten Sprossen preußischer Ritterschaft sich an *einer* kleinen Schüssel Heringssalat und *einer* Flasche schlechten Moselweins laben!

Aber die hohen Protektoren des Blättchens scheinen allmählich mit dieser liederlichen Manier, gegen die Revolution loszuziehen, unzufrieden geworden zu sein. Der Ernst der Ereignisse, der die Geldbeutel der Herren Rittergutsbesitzer und die Existenz des Throns mehr und mehr bedrohte, machte sich täglich fühlbarer. Die Chefs der uckermärkischen Grandezza sind Familienväter und verstanden als solche auch nicht viel Spaß. Kurz, das Blättchen erfuhr selbst eine Revolution.

Die berlinische frivolkokettierende Renommage, die Anflüge verbummelter Flegelei verschwanden allmählich aus dem Gros der Zeitung und zogen sich ein für allemal ins Feuilleton zurück. Das Corpus des Blättchens wurde gewiegten, zuverlässigen christlich-germanischen Männern überantwortet, einem V.A. Huber (Ex-Janus), einem Stahl usw., namentlich aber einem oder mehreren Konsistorialräten der evangelischen preußischen Ex-Landeskirche.

Diese Konsistorialräte haben sich mit einem wahrhaft gottseligen Eifer ans Werk gesetzt. Die würdigen Männer trugen schon lange so manches auf dem Herzen, was sie in dieser schweren Trübsal, wo die Proletarier und andere Kinder der Finsternis ihr Wesen trieben, in sich verschließen mußten. Sie waren stille und klein geworden, und es schien fast, als sei Zion zerstöret und die Burg des Allerhöchsten von der Erde verschwunden. Da aber kam der Erzengel Michael im goldenen Helm und frisierten Schnurrbart, der Löwe Wrangel, und befreite die gedrückten Ex-Landeskirchner. Jetzt, als die Kinder der Finsternis in ihre Höhlen zurückverjagt, die »Gnade Gottes« aus der Bedrängnis gerettet und der teure Mann Gottes, Ladenberg, Kultusminister und Papst der evangelischen Landeskirche geworden war, jetzt traten die großen Prediger des Wortes aus ihren Schlupfwinkeln wieder hervor und predigten, daß den Gottlosen die Ohren gellten.

Noch mehr. Wo ist der Kandidat der Theologie, der nicht bei der Lektüre des Alten Testaments die alten Propheten beneidet hat, wenn sie kühn vor die Könige in Juda hintraten und ihnen im Namen des Allerhöchsten ihre Sünden vorhielten! Welch ein Abstand von dem gedrückten, pauvren, seit acht Jahren verlobten und noch immer nicht angestellten Kandidaten der pauvren preußischen Landeskirche bis zu dem stolzen Propheten Jesaja, der einen König Hiskia mit dem Untergange bedroht, wenn er sich nicht bessert! Welch ein Unterschied zwischen dem Predigtamtskandidaten, der kaum bei seinen Jungen in der Kinderlehre Respekt hat, und dem Propheten, der über die himmlischen Heerscharen kommandieren kann!

Die preußischen Theologen hatten immer das Unglück, unter so gottesfürchtigen Landesvätern zu stehen, daß sie nie Gelegenheit fanden, ihnen als bußepredigende Propheten mit dem Strafgericht des göttlichen Zorns zu drohen und dadurch ihren Mut als Repräsentanten des Himmels gegenüber den Gewaltigen der Erde zu beweisen.

Jetzt aber, als den Berliner Konsistorialräten die leitenden Artikel der »Neuen Preußischen Zeitung« überwiesen wurden, jetzt bot sich ihnen die langersehnte Gelegenheit, an dem Könige je nach Belieben zum Jesaja, Ezechiel oder Habakuk zu werden. Hatte Friedrich Wilhelm nicht am 19. März die Truppen zurückziehen lassen? Hatte er nicht die gottlose schwarz-rot-goldene Kokarde aufgesteckt? Hatte er nicht die Amalekiter Camphausen und Hansemann zu Ministern gemacht? Und war nicht die ihm zuteil gewordene Demütigung nur ein kleiner

Teil der gerechten Strafe des Himmels für solche Sünden eines Königs, der einen Augenblick getan, das dem Herrn übel gefiel? Und endlich, konnte man der irdischen Majestät von Sanssouci einen größeren Gefallen tun, als indem man sie vom christlich-germanisch-preußischen Standpunkt aus als zu lau und zu unentschieden herabkanzelte?

Gesagt, getan. Das ganze Handwerkszeug der »Evangelischen Kirchenzeitung« wurde ins Lokal des neuen preußischen Blättchens hinübertransportiert, und die Bußpredigt begann.

Während so im oberen Stockwerk der »Neuen Preußischen Zeitung« die kanzelberedsamkeitliche Heulerei würdiger Pastoren ihr »tut Buße und bekehret euch, kreuziget euer Fleisch samt seinen Lüsten und Begierden« usw. mit ernster Prophetenstimme ruft, dient das Unterstübchen, »Berliner Zuschauer« genannt, nach wie vor zum gemütlichsten Rendezvous der allerordinärsten Berliner Bummelei. Oben der erschreckende Ernst und der Feuereifer polternder Glaubenshelden, unten ein entfernter Versuch zum Humor, wenig Witz und viel Behagen und eine Reihe selbstzufriedener Reflektionen, die sich alle um den einen Mittelpunkt drehen: »es gibt nur ein Berlin«; oben sittliche Entrüstung und Tugendpredigt, unten Berliner Chronique scandaleuse, Anläufe zu galanten Lieutenantsabenteuern, fleischliche Gelüste und stille Liederlichkeit: oben eine Kirche, unten eine Weißbierkneipe – das ist die »Neue Preußische Zeitung« in ihrer jetzigen Phase.

Daß die Bierkneipe unter dem Druck der Kirche gelitten hat und die Unterhaltung täglich fader wird, versteht sich von selbst.

Die Zusammenstellung der beiden Teile des neuen preußischen Blättchens macht übrigens einen ergötzlichen Effekt. In einigen der letzten Nummern z.B. enthält das Oberstübchen folgenden kanzelrednerischen Blödsinn:

»Der König von Preußen

steht im März 1849 zum zweiten Male auf einem Höhepunkte der ihm in der Mitte des Jahrhunderts angewiesenen Laufbahn. Die fallierende Revolution, schon bis ans Kinn unter Wasser, streckt von Frankfurt aus flehend die Hand nach ihm aus, in welcher sie, keck und verzagend zugleich, eine Krone von Goldpapier voll Blut und Kot ihm hinhält. Und Deutschland, erbebend von dem Sturze der versinkenden Revolution, erwartet sein Schicksal aus dem Munde des Königs.

Rechts öffnet sich der Weg der Treue, der Ehre, der Macht, der Weg des Königs von Gottes Gnaden – links der Weg der Lüge, der Schande, der Ohnmacht, der Weg der revolutionären Usurpation. Die Frage ›rechts oder links‹ ergeht durchdringend durch alle Gaukelspiele des Konstitutionalismus und des Radikalismus geraden Weges an des Königs Gewissen.

Im März 1848 stand der König zuerst auf einem solchen Höhepunkte, an einem solchen Scheidewege. Damals galt es seinen Thron, sein Land, Deutschland schützen, behaupten, retten, oder – aufgeben der Revolution gegenüber. Auch damals harrte Deutschland, zitternd vor der siegenden Revolution, der Entscheidung aus dem Munde des Königs.

Preußen, fest und stark in sich, Preußen, mächtig in Deutschland, Preußen und Deutschland, fest, stark und mächtig in der Christenheit – das war 1848, das ist 1849 das Ziel, zu dem der Weg rechts hinführt.

Wir brauchen nicht auszusprechen, welcher Weg im März 1848 eingeschlagen worden ist.

Nicht der Menschen Verdienst, Gottes Gnade, von der die Könige sind, Gottes, der seine ewigen Ordnungen ehrt, der die wankenden Throne hält und die zagenden Könige stärkt, der die gefallenen wieder aufrichtet, Gottes Gnade ist es, die den König noch einmal – vielleicht zum letzten Male – auf einen solchen Höhepunkt, an einen solchen Scheideweg stellt.

Möge der 18. März 1849 ein Tag der Buße – aber auch ein Tag rechtschaffender Früchte der Buße sein!«

Welch ein riesenhafter, gottbegeisterter Mut gehört nicht dazu für einen Konsistorialrat, dem Könige solche biblischen Sottisen zu sagen! Wahrhaftig, ein stilles, wärmendes Gefühl, etwa wie beim Genusse eines guten Seidels bayrischen Biers, muß die Eingeweide eines Landesvaters behaglich durchziehen, wenn er solche Bußpredigten liest und an »Sein herrliches Kriegsheer« denkt!

Am 18. März vorigen Jahres, wo waren da die hochwohlehrwürdigen Konsistorialräte, Superintendenten und Bischöfe der königl. preußischen Landeskirche? Damals verkrochen sie sich in die hintersten Hintergemächer ihrer Wohnungen, während draußen die Kanonen donnerten und die besoffenen Pommern in den Häusern Weiber und Kinder massakrierten. Und erst als ihre geängstigten Ehehälften und

Kinder das Schießen gar nicht mehr vertragen konnten, erst da krochen die Couragiertesten unter ihnen aus ihren Höhlen hervor und stiegen unter dem Schutz ihrer Talare und Beffchen über die Barrikaden – etwa um den wankenden König in seinem Vertrauen auf die Gnade Gottes zu stärken, um ihn an seine Pflicht zu mahnen, ein strenges Gericht über die Rebellen zu halten? Bewahre! Sie zogen aufs Schloß, um die Einstellung des Blutvergießens und den Rückzug der Truppen zu erwirken!

Dieselben Herren Konsistorialräte haben jetzt bereits wieder soviel Courage gewonnen, daß sie es wagen, der irdischen Majestät die Erhörung ihrer eigenen Bitte zum Verbrechen zu machen. Die »neuen preußischen« Jesajasse beschränken ihre Heldentaten darauf, dem neuen preußischen Hiskia Vorwürfe zu machen, die ihm lieber sind als die größten Schmeicheleien.

Zwei Tage später ist der Jahrestag des Berliner Aufstandes selbst. Der »Neue Preußische Kalender« enthält hier folgendes Evangelium für Sonntag, den 18. März (Lätare):

Neues Preußisches Evangelium. Kapitel 65, Vers 1: »Der achtzehnte März, dies Datum ist allein ein leitender Artikel, voll Inhalts, wie ihn nur der Finger Gottes schreiben kann. V. 2: Vor ihm sollen sich bücken alle Höhen, und alle Zungen, auch die der Fürsten, bekennen, daß er allein der Herr ist. V. 3: Er hat geschmolzen, und es waren viel Schlacken, er hat gewaschen, und es war viel Schmutz. Wer wird uns läutern und reinigen? V. 4: Unsere ›Wäscher‹ vom verflossenen Jahr haben uns nur mehr beschmutzt, unsere Schmiede haben nur das Feuer angefacht, und es war niemand da, welcher den Hammer zu schwingen verstand. Vers 5: Umstürzen und niederreißen, das ist die Baukunst des jetzigen Geschlechts; teils mit Bewußtsein, teils in dunkelem Gefühl, sucht man den Eckstein, V. 6: um ihn zu zertrümmern; denn ihm allein, nicht dem Gebäude, ist der Untergang geschworen. V. 7: Sie wollen wiederbauen auf einem andern Grunde, die armen Toren, und wissen nicht, daß nur der Eckstein bleibt und alles andere schwindet. V. 8: Was man bisher gebaut, ist Menschenwerk; den Eckstein aber, den hat Gott gelegt und nicht die Fata Morgana der Radikalen, Vers 9: nein, das Gebäude, was schon Moses schaute, wird aus den Trümmern aufgerichtet werden.«

Man bewundre den Zusammenhang und die kühne Gedankenfolge dieser »neuen preußischen« Weissagungen auf das feudale christlichgermanische Himmelreich, das für diese braven Prediger wieder nahe herbeigekommen ist. Die Inspiration von oben, die göttliche Trunkenheit der Prophetin blitzt aus jedem Wort, namentlich aber aus jedem Übergang hervor. Selbst der Prophet Ezechiel verstand es nicht so gut, Subjekt und Prädikat malerisch durcheinander zu werfen, wie diese neuesten Männer Gottes.

Diese strengen Kirchenväter übrigens, die der irdischen Majestät den Beruf geben, vermittelst »Meines herrlichen Kriegsheeres« die wühlerische Sünde in jeder Gestalt mit Stumpf und Stiel auszurotten, haben zuweilen selbst Momente der Barmherzigkeit und des wehmütigen Mitgefühls für die armen verlornen Kinder der Finsternis, die Demokraten. In Nr. 62 entdeckt ein würdiger Seelsorger, daß die »Hallesche Demokratische Zeitung« der Kontrerevolution allen dauernden Erfolg abspricht, weil die Grundlage aller reaktionären Macht, der religiöse Glaube, seine Wurzel im Volk verloren habe. Hocherfreut nimmt er sogleich zu Protokoll, daß der »Glaube«, selbst nach Aussage der Demokraten, die Wurzel aller guten preußischen Gesinnung, alles Gehorsams gegen die Obrigkeit ist, und schließt aus diesem ehrlichen Eingeständnis der »Halleschen Demokratischen Zeitung«, daß sie es wenigstens ehrlich meint und daher wohl noch zur Buße zu bringen sei.

Ob der Herr Pastor mit seiner Hoffnung auf Bekehrung der »Halleschen Demokratischen Zeitung« Aussicht auf Erfolg hat, können wir nicht wissen, da wir das Blättchen nicht kennen.

Bewundern aber müssen wir die Naivität des wohlehrwürdigen Herrn, der die Äußerung irgendeines demokratischen Lokalblatts als das Programm der demokratischen Partei sofort aufgreift und mit beiden Händen festhält. Wir für unsern Teil versichern wenigstens dem Herrn Pastor, daß es uns höchst gleichgültig ist, ob das Volk »den Glauben« hat und was für einen »Glauben« es hat. Man muß wirklich Gottes Wort vom Lande oder sonst ein Stück Theologe sein, um sich nach den letzten Erfahrungen noch einzubilden, das Volk, die revolutionären Proletarier und Bauern würden ihre irdische Existenz ihren himmlischen Hoffnungen opfern und ihren hungrigen Magen mit Brotkarten abspeisen, die erst in irgendeiner andern Welt zahlbar sind. Unsere Proletarier und Bauern verlangen handgreiflichere, materiellere Kost als Bibelsprüche und preußische Litaneien, um so mehr als sie sehen, daß die Herren Konsistorialräte sich für ihre Bemühungen recht artig zahlen lassen und bis zum vierzigsten Jahre regelmäßig ein ganz hübsches Bäuchlein anlegen.

Genug. Der Herr Pastor glaubt nun einmal, die »Hallesche Demokratische Zeitung«, die bereits den Glauben an den Glauben hat, sei noch zu bekehren. Einem so wohlmeinenden Blatt gegenüber wäre tertullianische Strenge höchst unchristlich. Wo das Herz noch nicht ganz verhärtet ist, muß man mit eindringlicher, liebevoller Ermahnung anpochen. Und so geschieht's:

»Bei Lesung des ganzen Artikels hat uns – warum sollten wir es nicht gestehen? – ein schmerzliches Gefühl des Mitleids gegen die bis zum Wahnsinn betörten und verzauberten Menschen ergriffen, nicht als fürchteten wir, daß dadurch viele verführt werden könnten, wiewohl ein Tropfen zum andern kommt und schon die allmählige Gewöhnung an solche Stimmen der freien Presse sittlich schadet – sondern daß die Rädelsführer doch gewiß selbst so verführt sind, das tut schmerzlich weh. Aber wir gehen jetzt an diesem Gefühle vorüber, weil es sich nicht unterdrücken läßt, wir halten uns an die Demonstration selbst.«

Welche Milde und Sanftmut, welche apostolische Wärme in diesen tiefgefühlten Worten! Gewiß, die »Hallesche Demokratische Zeitung« wird dieser Vermahnung nicht widerstehen, sie wird ablassen von den Pfaden des Teufels, auf die sie sich verirrte, sie wird zu Bruder Leo und Gerlach in die Betstunde gehn!

Ob übrigens das Volk »den Glauben« habe, schließt unser Pastor, sei ziemlich gleichgültig. Seine letzte Hoffnung sei vielmehr der Glaube selbst, der Glaube allein, welcher alles vermag, und wo er abhanden gekommen ist, auch wiederkommen kann, welcher auch die Rädelsführer selbst ereilen, auch den Verfasser jenes Artikels (in der »Hall. Dem. Ztg.«) überwinden kann. Und welcher Christ wollte seinen Feinden nicht diese Wohltat für Zeit und Ewigkeit wünschen ... »Möchte sich doch auch an den Demokraten oder an ihrer einem die selige Macht dieses allerheiligsten Glaubens bald bewähren!«

Edelmütigster aller Landprediger! Wir sind weit entfernt, Ihre wohlwollenden und menschenfreundlichen Absichten zu verkennen. Wir wissen im Gegenteil sehr gut, daß es in der sogenannten demokratischen Partei Leute genug gibt, die selbst nichts weiter sind als in ihrer Karriere gestörte Landprediger. Solche Leute sitzen sogar in der Berliner Kammer bis auf die äußerste Linke. Sie würden nicht nur sich ein großes Verdienst erwerben, sondern auch *uns* einen nicht zu ermessenden Gefallen tun, wenn Sie diese armen Verirrten,

» ... des Völkerfrühlings
Kolossale Maienkäfer,
Von Berserkerwut ergriffen«,

auf den rechten Glaubensweg zurückführen wollten. Wir sind überzeugt, daß die fraglichen Individuen, deren innerste Herzensrichtung in Gefühlsweiche und Rührungsfähigkeit gewiß mit Ihrer eignen durchaus harmoniert, mit einigen Bemühungen für den wahren Glauben und den Gehorsam gegen die Obrigkeit wiederzugewinnen wären. Lassen Sie sich durch nichts abschrecken, würdigster Mann! Der spätere Abrechnungsprozeß der revolutionären Partei mit ihren Feinden würde sich dadurch jedenfalls um ein Bedeutendes vereinfachen.

Das ist die »Neue Preuß. Zeitung« in ihrem ersten Stock. Man sieht, die Herren Konsistorialräte sind unverfälschte Kirchenväter: streng und unerbittlich gegen die Großen, gegen die Könige, liebevoll und barmherzig gegen die Geringen, die Verführten, die noch nicht ganz Verhärteten.

Während nun im oberen Stockwerk solcherlei feierliche Bußpredigt und ernste Vermahnung ihr Wesen treibt und die reumütige Zerknirschung einer geknickten Heulerseele erstes Erfordernis zur Mitarbeiterschaft ist, geht es unten, im Rez-de-chaussée, ganz gemütlich und fidel her. Hier ist eine Art Portierloge errichtet, in welcher die eigentlichen Stifter des Blatts, die verbummelten Referendarien, Supernumerarien und Lieutenants, ihr Standquartier aufgeschlagen haben, Weißbier trinken, Zigarren rauchen und etwa folgende Konversation vorführen (siehe Nr. 60, 65 der »N. Pr. Ztg.«, Feuilleton):

»Bummler I. Neulich ging der Bürgerkaplan mit einem ganz hübschen Frauenzimmer Unter den Linden spazieren.

Bummler II. Er sagt, es sei seine Cousine.

Bummler III. Cousine? Na, ich möchte den Stammbaum sehen.

Bummler I (gähnt). Der Bürgerkaplan denkt auch: es gibt nur ein Berlin!

Bummler II. Er sagt, die Dame heiße Fräulein Schröder.

Bummler I. Apropos, der dicke X. liebäugelt von der Tribüne, wenn er spricht, immer mit einigen Damen auf der Galerie.

Bummler III. Ja, ich höre aber, seine Eroberungen sollen sehr antediluvianisch sein.

Bummler II. Das sieht ihm ähnlich. Gestern hatte er übrigens ein Rendezvous am Halleschen Tor.

Bummler I. So? Das müssen wir in den ›Zuschauer‹ setzen.

Bummler III (nach einer Pause). Gestern haben sich die Gardeulanen mit dem Zivil geprügelt.

Bummler IV (tritt ein). Guten Morgen, Bummler.

Bummler I. Was gibt's Neues?

Bummler IV. X. amüsierte sich gestern in der ›Esmeralda‹ in Begleitung seiner Schwester Freundin.

Bummler I. Sonst nichts?

Bummler IV. Doch. Elsner hat sein Stammlokal im Café de la Liberté aufgeschlagen und macht dort einer Hebe bedeutend den Hof; Hr. Elsner scheint eine Passion für schöne Kellnerinnen zu haben.

Bummler I. Weiter?

Bummler IV. Eben ist mir der Bürgerkaplan begegnet mit aufgeschlagenem Paletotkragen.

Bummler II. Aha, gewiß damit sein Rival der Garde du Corps ihn nicht erkennt.

Bummler III. Was ist das für eine Geschichte?

Bummler II. Ich weiß nicht genau, ich muß erst weiter hören.

Setzer (kommt). Herr Vorbummler, es fehlen noch zwei Spältchen Manuskript.

Bummler IV. Wart. Hier ist noch was. Die Gardeschützen bekommen statt der Helme Filzhüte wie die Konstableroffiziere.

Bummler III. Dumme Geschichte. Darüber werden die Demokraten schlechte Witze reißen und sagen: es fehlt die Pointe, die Spitze.

Bummler I. Ist das alles?

Bummler IV. Hier ist noch eine Notiz:

Vor zwei Jahren besorgte ein gewisser Literat Karl Grün in Paris bei dem bekannten Prozeß des Grafen Hatzfeldt mit seiner Frau gegen sehr anständiges Honorar die Interessen des Grafen in Paris und in der französischen Presse. Wie sich nachher auswies, hatte Herr Grün *zu gleicher Zeit* von der Gegenpartei der Gräfin Bezahlung genommen für gewisse Mitteilungen. Wie nennt man wohl dergleichen?

Bummler III. Mit dem Grün bin ich noch nicht im klaren. Von dem Individuum muß es noch ganz andre, viel schönere Geschichten geben. Wenn ich nur erst dahinter käme.

Bummler I. Ach laß den Mann laufen. Er sieht mir geradeso aus, als ob er von Natur eigentlich zu uns gehöre. – Ist das alles? Eh bien, dann wollen wir den Klatsch aufschreiben, und du, Bummler III, kannst einen Brief aus Leipzig fabrizieren nebst einer großen Verschwörung und daß d'Esters Blondine seit seiner Abreise sehr traurig ist. Macht, daß ihr fertig werdet, wir wollen zu Wassmann gehn und ein Seidel trinken.«

Derart ist die anmutige Konversation, die im Unterstübchen der »Neuen Preußischen Zeitung« verhandelt wird, während oben die Konsistorialräte sich mit Bußpredigten heiser schreien. Die liebenswürdigen Leute da drunten kümmern sich nicht im mindesten um die Konsistorialräte, und die Konsistorialräte werden durch den Stadtklatsch der Bummler nicht im mindesten geniert.

Man findet es befremdlich, daß die Konsistorialräte und die Bummler so harmlos und friedfertig in demselben Blättchen sich vertragen? Aber sie gehören notwendig zusammen. Wenn der Konsistorialrat ein gutes Ministerialdiner zu sich genommen hat, ist ihm die Bummelei des »Berliner Zuschauers« sozusagen Bedürfnis, und wenn der Bummler nach verbummelten Nächten spät am Tage mit der Sehnsucht nach einem einmarinierten Hering erwacht – die einzige Tageszeit, an der er Sinn für die »ernste Politik« hat –, so tut ihm ein solcher Konsistorialartikel genau dieselben Dienste.

Das ist der Zusammenhang zwischen dem Gros und dem Feuilleton der »Neuen Preußischen Zeitung«. Auch sie wird durch den Ernst der Ereignisse täglich mehr dazu gedrängt, ein *honettes* Blatt zu werden und sich dadurch zu ruinieren. Der »Zuschauer«, die letzte Zuflucht ihres Restes von Humor, wird täglich platter und fader. Bald wird auch er eingehn und den rührend-loyalen poetischen Ergüssen bleichsüchtiger Konsistorialratstöchter und pommerscher Edelfräulein weichen, stille blonde Jünglinge, die »den Glauben« haben und die Schwindsucht, werden sich des Feuilletons bemächtigen, und die Bummler werden an die Luft gesetzt mit Gott für König und Vaterland.

Die Langeweile, der Spleen und die Seekrankheit

Zufällig war ich neulich in Babylon, d.h. in London. Die Themse rauschte an meinem Fenster vorüber. Bridgehouse Hotel liegt nämlich unmittelbar am Wasser, und man sieht den Fluß hinauf und hinab, und wenn die Dampfboote unter der Londoner Brücke herfahren, da neigen sie mit einem Male Schlot und Mast wie zu einer zierlichen Verbeugung, die höflichen Dampfboote, und rasch fliegen sie an dir vorüber.

Als ich aber sämtlichen Dampfbooten, Kuttern, Fregatten und ähnlichen untergeordneten Fahrzeugen während einer halben Stunde Gelegenheit gegeben hatte, sich ganz ergebenst vor mir zu verbeugen, und als nun der Abend herankam und die letzten Strahlen der sinkenden Sonne mit dem immer finstrer hereinbrechenden Nebel jenen luftigen Wolkenkampf begannen, in dem sich alle Boxereien und Keilereien des lieben platten Landes widerzuspiegeln scheinen, als links die Türme der Westminsterabtei in bläulicher Ferne schamrötlich abendlich emporglühten und rechts der alte, schreckliche Tower wie ein versteinerter Seufzer zum letzten Male aus dem Schattenmantel der Nacht hervorschaute, ja, und als endlich gerade gegenüber in der Kuppel der St.-Pauls-Kirche die großen Episkopalglocken ihr Abendlied begonnen: da rührte ich immer langsamer mit meinem Teelöffel in dem großen Glase Grog, das vor mir auf dem Tische stand, und meine Augen sanken, und mein Kopf fiel auf die Brust, und ich schlief ein und träumte den folgenden entsetzlichen Traum.

Es träumte mir, ich hätte das beste Diner bestellt, das man für soundso viele Pfund Sterling in London haben kann. Nicht ohne Ursache, denn ich erwartete drei der liebenswürdigsten Gäste.

Dadurch, daß ich Menschen zum Mittagessen einlud, unterschied ich mich vorteilhaft von vielen meiner Landsleute, die sich gewöhnlich in London einladen *lassen*. Von allen meinen Empfehlungsbriefen: »gut für ein Diner«, hatte ich in der Tat nicht den geringsten Gebrauch gemacht, und wenn ich Herrn von Raumer bei seiner nächsten wissenschaftlichen Reise nach Alt-England damit gefällig sein kann, so werde ich mir diesen Dienst zu besonderm Vergnügen gereichen lassen.

Ein Kellner, wie man ihn nur in England findet, ein spindeldürrer, blasser Seeräuber in großen Schuhen mit silberner Schnalle, in seidenen Strümpfen, die bis ans Knie reichten, in schwarzer Hose und in schwarzem altertümlichem Frack mit dolchspitzen Zipfeln, kurz, ein höflicher, zerknirschter Mensch, der wie der leibhaftige Katzenjammer aussah, riskierte eine höchst graziöse Verbeugung – graziöser hatten sich nicht die schwarzen Schornsteine der Dampfer verneigt – und kündigte mir mit lispelnder Stimme an, daß soeben der erste meiner Gäste arriviert sei.

Man kann sich meine Freude denken, denn ich war sehr hungrig, hungrig wie ein Wolf, wie ein Flamländer, und mit der Begeisterung des Hungers rannte ich an die Tür und an den Wagenschlag.

Eine hohe verschleierte Dame, ein wahrer Kirchturm in schneeweißem Atlas, setzte eben mit großbritannischer Würde den langen Fuß auf die Schwelle des Hotels. Ich küßte der Schönen die unbewegliche Hand und erkundigte mich nach dero Wohlbefinden. Die Bevölkerung des Hotels leuchtete mit Wachskerzen, und feierlich wallten wir in unser teppichweiches Gemach, das eigentümlich nach Kohlen und nach Seekrebsen duftete.

Die Flammen des Kamins schlugen lustiger empor und mischten ihre Streiflichter mit dem Glanze des Gases, das wie flüssiger Mondschein durch die mattgeschliffenen Kristallschalen der Kandelaber wogte. Des Daseins süßer Komfort lachte uns entgegen, und das Wohlleben streckte seine weichen Arme aus, um uns herabzuziehen auf die schwellenden Polster des Vergnügens.

Als aber der Schleier meiner Dame niederrollte, da stand vor mir: eine jener hohen, kalten, schlankgewachsenen Engländerinnen, von denen man nicht weiß, ob sie eben erst aus Marmor geworden oder ob sie gleich zu Marmor werden sollen. Schneeweißer Teint, himmelblaue Augen, blondes Haar, rote Lippen und vortreffliche Zähne. Das schönste Modell von einem weiblichen Wesen, das ich je gesehen habe.

Im Frühling schuf Gott die Französinnen, im brennenden Sommer schuf er die Weiber von Rom und Madrid. Im humoristischen Herbst erfand er die deutschen Mädchen, doch die Engländerinnen machte Gott im Winter.

So eine kühle Tochter Britanniens ist wie ein schöner festgefrorner Wintermorgen, und wenn ihre Wangen in der Lust des Küssens erröten, da meint man, die Morgensonne zittre Rosen streuend über ein Schneefeld.

Still, kalt und schneeweiß stand meine Freundin vor mir. Einem aufmerksamen Beobachter würde es nicht entgangen sein, daß alles an der bemerkenswerten Dame mehr lang als kurz oder rund war. Lang war ihr Fuß, lang ihre Hände, lang ihre Nase, länglich ihr Gesicht und lang ihre ganze Figur. »Seit langer Zeit haben wir uns nicht gesehen«, begann ich die Konversation. – »Sehr lange nicht«, erwiderte die Holde. – »Ich habe mich lange nach Ihnen gesehnt.« – »Lange war es auch mein Wunsch, Ihnen wieder zu begegnen.« Unser ganzes Gespräch drehte sich um die Länge, und die Zeit wäre mir gewiß lang geworden, wenn nicht mein längst erwarteter zweiter Gast endlich in höchsteigener Person hereingetreten wäre.

Es war dies einer jener würdigen Gesellen, die wir jahraus, jahrein zwischen Ostende und Basel hin und her teekesseln sehen. Er trug eine graukarierte Hose, eine graukarierte Weste und einen graukarierten Frack. Grau waren Haare und Augen. Grau der Bart. Der ganze Kerl sah aus wie die Dämmerung. Die Umrisse seines Körpers verschwammen fast mit der Atmosphäre, und erst als er mitten zwischen den Flammen des Kamins und den Gaslichtern stand, erkannte ich meinen alten Bekannten und fiel ihm grüßend um den Hals; ganz gegen alle englische Sitte und Gewohnheit.

Die längliche Dame und der graue Herr gehörten zu meinen besten Freunden, als ich früher das Glück hatte, drei Jahre in England verweilen zu müssen. Die Dame füllte manche meiner müßigen Stunden aus. Doch noch häufiger besuchte mich der graue Herr. Nächtelang saßen wir miteinander stumm am Kamine, Grog trinkend und Zigarren rauchend. Steif starrten wir ins Feuer, und hatten wir sechs Stunden lang so gesessen, da erhob sich mein alter Freund, drückte mir die Hand und versicherte mir, daß er sich ungeheuer amüsiert habe. Trotz seiner unangenehmen Angewohnheiten liebte ich meinen grauen Freund von ganzem Herzen. Ich verzieh es ihm z.B., daß er stets seine Nasenspitze besah, daß er manchmal die Füße statt der Hände in die Hosentaschen zu stecken suchte und daß er nie zu Bette ging, ohne gegen allenfallsige Raubmörder einen großen Korkzieher in der Tasche seiner Unterhose mit sich zu führen.

Meiner Begrüßung folgten die Komplimente, die Herr und Dame einander schuldig zu sein glaubten. Beide waren sich keineswegs fremd.

Sie sahen sich häufig in jenen interessanten englischen Gesellschaften, in denen man wenig spricht. Der böse Leumund wollte sogar wissen, Herr und Dame seien einst in eine so lebendige Unterhaltung geraten, daß sie, plötzlich beide einschlafend, nickend mit den Nasen aneinandergerannt wären und unter seltsamen Grimassen den Schwur getan hätten, sich nie wieder dergestalt von dem Feuer der Unterredung fortreißen zu lassen. Wie dem auch sei: meine beiden Gäste waren hocherfreut, sich wiederzusehen. Lang und feierlich erhob sich die Dame und blickte verschämt zu Boden, was meinen grauen Freund so ungemein rührte, daß er für einen Augenblick alle Geistesgegenwart verlor und mitten in seiner besten Verbeugung wie ein schiefer Meilenzeiger regungslos stehenblieb.

Ich benutzte diese Erstarrung der gegenseitigen Komplimente, um mich der Tür zuzuwenden, die eben zum dritten Male geöffnet wurde. Es war der letzte meiner Gäste, den man hineinführte, und wahrhaftig, er erschien in sonderbarer Begleitung. Wenn nämlich die lange, weißatlassene Dame zu Wagen herankam und mein grauer Freund zu Pferde herbeisprengte, so fuhr der dritte Besuch zu Schiff bis an mein Hotel und ließ sich von zwei Matrosen in blauen Hemden und roten Jacken bis in mein Zimmer tragen.

Meine Leser werden sich wundern, in dem hereingetragenen Wesen abermals etwas Weibliches zu finden. Aber schon der Symmetrie wegen hatte ich die Sache so einrichten müssen, denn wollte ich der langen Dame bei Tisch gegenübersitzen, so mußte ich auch für meinen grauen Freund ein erbauliches Visavis einladen, eine Aufgabe, die bei meiner strengen Auswahl für eine so feierliche Gelegenheit wirklich schwer zu lösen war. Nach langem Hin- und Hersinnen geriet ich endlich auf die höchst ausgezeichnete Person, welche eben im Begriff war, meiner Einladung nachzukommen. Wir finden in ihr eine Dame, deren Alter beim besten Willen nicht nachzuweisen ist. Sie trägt grüne Kleider, gelöste Locken und duftet nach Teer und Seewasser. Man könnte sie hübsch nennen und würde sie ihres nymphenhaften Wuchses wegen vielleicht schön finden, wenn nicht der erdfahle Teint ihres Gesichtes unwillkürlich zurückstieße. Feucht glänzt ihr Auge durch die langen Wimpern. Ihr Gang hat etwas sehr Eigentümliches; man merkt, daß sie mehr auf der See als auf dem Lande lebt.

Ich stellte die Neuhereingetretene meinen beiden andern Gästen ohne weiteres vor. Sie hatten sich gerade von ihrer Erstarrung erholt, und es war wirklich eine Genugtuung für mich, als ich alle drei nach den ersten Artigkeitsbezeugungen sofort in der Erinnerung längst gemachter und endlich erneuerter Bekanntschaft schwelgen sah.

Unser Diner war indes aufgetragen, und ich lud meine Gäste ein, sich zu setzen. Die ganze Geschichte hatte etwas sehr Feierliches. Der weite teppichbedeckte Raum, die schweren seidnen Vorhänge der Fenster, der riesige Kamin mit seiner Kohlenglut, der kleine Tisch in der Mitte des Zimmers, umringt von vier großen Fauteuils, das blendendweiße Tischtuch, das fast bis auf die Erde hinabhing, das Silbergeschirr, die Kristallflaschen und die kolossalen verdeckten Schüsseln – alles harmonierte miteinander und versprach einen Naturgenuß, der dem Wirte keine Schande machen konnte.

Der Naturgenuß des Essens und des Trinkens bleibt trotz der häufigen Wiederkehr ein außerordentlich wichtiger Akt im menschlichen Leben. Ich finde es daher passend, daß man ihn jedesmal mit einem kurzen Spruch, mit einem Gebet oder mit einer heiteren Anrede eröffnet, sei es in biblischen Rhythmen, in Hexametern oder in einfacher Prosa. Essend und trinkend nähert sich der Mensch mehr als je dem Ursprünglichen. Er schwelgt am Busen der Natur, deren Schätze uns die Kochkunst erst recht eigentlich zugänglich machte. Essen und Trinken ist Kunst- und Naturgenuß zu gleicher Zeit. Da liegen die Austern der unerforschlichen See; da flutet die Schildkrötensuppe, die herzerfreuende. Da prangt das Rippenstück eines schwerwandelnden friesischen Ochsen, und hier ragt die Keule eines schottischen Widders. Die Schnepfe und das Birkhuhn Alt-Englands, der französische Fasan und die deutsche Lerche. Transatlantische Äpfel, die Orangen Italiens und spanische Trauben. In dem Kristall der Flaschen der gelbe Xeres, der tiefrote Portwein, der wilde Champagner und das Gold der rheinischen Hügel – – o stelle dich auf den Gipfel des Chimborasso, und du hast keine schönere Aussicht; vor allen Dingen erhebe du aber deine Hand und danke der Mutter Natur, denn sie hat alles weise geordnet, und die Welt ist voll ihrer Güte.

Ich träumte famos.

Meine Gäste hatten sich gesetzt. Ich saß der weißen Dame gegenüber. Mein grauer Freund hatte die Meerentstiegene zu seinem Visavis. Doch es ist durchaus nötig, daß ich die Namen der Unbekannten nenne. Die weißatlassene lange Dame mit ihrem himmlisch schönen, aber regungslos nichtssagenden Gesichte war niemand anders als die personifizierte »Langeweile«. Mein grauer Freund, der so zakisch angelsächsisch auf seinem Stuhle saß, war der englische »Spleen«; ach, und das Weib, was zu Schiffe kam: es war die »Seekrankheit«.

Und wir tranken und tranken.

Nachdem aber das damastene Tischtuch mit allem, was daraufstand, entfernt war und die geschäftigen Kellner neue Kristalldekanter und neue Gläser auf den nackten Mahagonitisch gestellt hatten, nahm ich das Wort und erklärte der mir gegenübersitzenden lieben langen Göttin der Langenweile, daß ich ungemein glücklich sein würde, ein Glas Wein mit ihr zu trinken.

Die Holde lächelte und erwiderte sofort, daß es ihr zu ganz außerordentlichem Vergnügen gereiche, meiner Einladung zu folgen. Ich füllte daher mein Glas bis an den Rand, und die Göttin füllte das ihrige.

Der Akt des gemeinschaftlichen Weintrinkens ist ein Akt von hoher Bedeutung in England. Zwei Heidelberger Corpsburschen, die die Schlachtfelder von sechs Semestern hinter sich haben, können sich nicht mit mehr Anstand und Würde auf krumme Säbel oder Pistolen fordern, als zwei Engländer sich zum Genuß eines Glases Portwein einladen. Es ist, als ob sich die Türme der Westminsterabtei und die Kuppel von St. Paul bei aufgehender Sonne still »guten Morgen« wünschten. Mit demselben Ernste, mit dem Cromwell König Karl aufs Schafott brachte, mit derselben Würde, mit der einst Pitt im Parlamente aufstand, um den Krieg gegen die französische Republik zu verlangen, und mit derselben Feier, mit der Lord Hardinge nach der Schlacht von Sobraon den Völkern des Indus und des Ganges eröffnete, daß sie hinfort den Nacken unter das britische Szepter zu beugen hätten – mit demselben Ernste, mit derselben Würde und mit derselben Feier trinken die Engländer ihren Portwein und Cherry und schauen sich mit ihren starren großbritannischen Augen so schrecklich dabei an, als söffen sie Rattengift, um dann hinabzufahren zum Styx oder zum Satan.

Da ich zu Wasser und zu Lande schon oft genug Gelegenheit hatte, mich in dem Naturgenuß des Portweintrinkens zu üben, so konnte es natürlich nicht fehlen, daß mein Duett mit der langweiligen Göttin über alle Maßen vortrefflich ausfiel. Beide ergriffen wir das schimmernde Kristall, in dem das edle Blut der pyrenäischen Halbinsel so mystisch wogte und blitzte wie flüssige Rubinen; beide erhoben wir dann die Gläser, und jetzt uns messend mit stieren Blicken, neigten wir die Köpfe, kaum bemerkbar und möglich steif, um endlich mit todernsten Gesichtern à tempo den großen Moment des Trinkens zu vollenden.

Als aber auch die Göttin der Seekrankheit und der graue Spleen einen Becher miteinander gewechselt hatten, da wandte ich mich wieder zu der Langenweile und sprach zu ihr in dem zierlichsten Englisch, was je ein Insulaner gesprochen hat von dem galanten Sir Walter Raleigh an bis auf Benjamin Disraeli: »Teuerste Göttin, ich gebe Ihnen hierdurch das Wort. Sie werden sich dieses Wortes vortrefflich zu bedienen wissen, und gern wollen wir Ihren Erzählungen lauschen, denn niemand kann interessanter sein als die Langeweile.«

Sprach's und verstummte.

Die Göttin der Langenweile warf aber ihre blonden Locken über das schneeweiße Angesicht; der Atlas ihres Kleides krachte verführerisch, und langsam öffnete sie jetzt die rosigen Lippen und hub folgendermaßen zu reden an:

»Groß ist das Reich, das ich beherrsche. Ja wahrlich, in meinem Reiche geht die Sonne niemals unter. Mein Einfluß erstreckt sich über alle Teile der Erde. Ich beherrsche die Welt seit den grausten Zeiten. Älter bin ich als der älteste der lebenden Menschen; älter als der älteste Kirchturm, als die älteste Pyramide, als die Arche Noah, ja mit Adam wohnte ich schon im Paradiese, ehe ihm Gott sein Weib geschaffen zu unendlichem Vergnügen – ja mit Gott selbst stand ich auf vertrautem Fuße, ehe er aus lauter Langerweile die Welt erschuf und alles, was darinnen ist. Unumschränkt war meine Macht in dem sogenannten goldnen Zeitalter der Menschheit; mit den ersten Hirten langweilte ich mich auf den grasreichen Ebnen des Orients; bauen half ich an dem großen sprachverwirrenden Turme, und wenn auch die heitern Gelage von Babylon und Ninive manchmal meinen stillen Einfluß störten, so fand ich doch Eingang in den Herzen vieler einfältiger Leute, die wie Jakob vierzehn Jahre lang um dasselbe Weib freiten oder wie Joseph lieber ihrem Herrn treu blieben, als sich ihrer Gebieterin angenehm machten. Ja, als ein besonderes Faktum bitte ich es zu konstatieren, daß Methusalem nur aus reiner Langerweile seine tausend Jahre alt wurde.

Doch der langweiligen patriarchalischen Zeit folgten, ach, die fröhlichen Jahrhunderte der Griechen. Die Götter, die damals en vogue waren, verwilderten im Himmel und die Menschen auf Erden. Unsittlich nackt thronten die Unsterblichen auf dem Gipfel des Olymps, stets bereit zu den verliebtesten Streichen, zu den ausgelassensten Aventüren. Selbst der Vater der Götter verschmähte es nicht, sich unter jederlei Gestalt zu den Nymphen des platten Landes herabzulassen und zu ihrer Heiterkeit ein Erkleckliches beizutragen. Wie konnte damals von Langerweile die Rede sein? Die Menschen nahmen ein böses Beispiel an ihren Vorgesetzten. Auf offenem Markte saßen die reizenden Athener und freuten sich ihres Lebens, und unerbittlich schlossen sich vor mir alle Türen. Hatte ich je einmal Zutritt zu einem hellenischen Wesen, nun, so war es höchstens eine Penelopeia, die mich aufnahm, als sie sich jahrelang ihrem herrlichen Dulder entgegensehnte.

Auch unter dem Waffenlärm der Römer war meines Bleibens nicht, und ich atmete erst wieder auf, als die christliche Zeit kam mit ihren feisten Mönchen, denen ich in stiller Zelle gern Gesellschaft leistete. Das Christentum brachte mich damals auch nach Deutschland, wo ich in den langen Lehrgedichten der ausgezeichnetsten Poeten die deutlichsten Spuren zurückließ. Das Mittelalter halte ich überhaupt für die Glanzperiode meines Daseins, und ich habe nur zu bedauern, daß es von so kurzer Dauer war, denn mit der Erfindung des Pulvers ging die Welt leider einer Epoche entgegen, die bis auf die jüngsten Tage hin immer kurzweiliger geworden ist.

Blasiert über das Familienleben mischte ich mich damals in die öffentlichen Angelegenheiten der Völker. Vor allen Dingen suchte ich aber stets meinen Einfluß in der Literatur geltend zu machen, und ich muß selbst gestehen, daß ich auf dem Felde der Theologie das Unerhörte geleistet habe. Ärgerlich war es mir, daß ich fast nie bei den Franzosen Glück machte. Aber wir scheinen nicht füreinander geschaffen zu sein. Sie behandelten mich stets mit Geringschätzung, und da ich vor ihrer eingewurzelten Frivolität den tiefsten Abscheu habe, so gab ich mir auch zuletzt keine Mühe mehr, sie durch das Wohltuende meines Einflusses auf die Bahn der Tugend hinüberzuleiten.«

Als die langweilige Göttin soweit gesprochen hatte, mußte ich entsetzlich gähnen und wollte mich eben dieses Verstoßes wegen entschuldigen, als ich noch zur rechten Zeit bemerkte, daß mir unwillkürlich die größte Artigkeit passiert war. Das Antlitz der langen Göttin überflog nämlich ein Zug der ungeteiltesten Befriedigung, als sie mich gähnen sah, und mit wahrer Begeisterung setzte sie, namentlich mir zugewandt, ihre Rede fort:

»Sie können hieraus abnehmen, daß ich schon seit geraumer Zeit auf der Erde wirksam umhergespukt habe. Oh, teuerster Freund, ich versichere Ihnen, Deutschland gehörte zu den Ländern, in denen ich mich immer am heimischsten fühlte. Gelebt und geliebt habe ich mit dem edlen Volke der Deutschen, und herrlich hat sich mein Geist offenbart in Germaniens denkwürdigsten Kunstschöpfungen. Wie begeisterte ich nicht den unerreichten Klopstock! Wie hat nicht Platen mich in die weichsten Formen zu bannen gewußt! Aber auch den neueren Autoren wandte ich mich gerne zu. Sind nicht die Gutzkowschen Dramen wahre Meisterwerke der Langenweile? Wer ist nicht schon einmal bei den lyrischen Ergüssen der jüngeren rheinischen Dichter selig zusammengeschlummert! Doch auch in der Journalistik bin ich vertreten. Die ›Kölnische Zeitung‹ wurde mein Zentralorgan. Überall zeigt sich mein stilles Walten, und auch Sie, teuerster Freund, werden vielleicht meinen heilsamen Einfluß spüren, wenn Sie nach Ihrer Rückkehr aus England wiederum der Krankheit schriftstellerischer Versuche anheimfallen.«

Trotz der großen Bonhomie, mit der die Göttin diese Worte sprach, hätte ich die letzte Bemerkung doch beinah sehr anzüglich gefunden. Aber die Holde ließ mir keine Zeit, irgend etwas zu erwidern.

»Zwar entfernt von Deutschland«, fuhr sie fort, »nehme ich doch an der Entwicklung Ihres Vaterlandes den wärmsten Anteil. Auf eine erfreuliche Weise zieht sich bei Ihnen wiederum alles in die Länge. Aber das kommt, weil ich mit den besten Rednern der Paulskirche auf ein und derselben Bank saß. – – Wie umsäuselte ich nicht den früher so berühmten Soiron! Wie leitete ich nicht die Beredsamkeit eines Venedey! Oh, nur ein einziges Mal ist man in Frankfurt aus der Rolle der Langenweile gefallen: als man den Verfasser des Schnapphahnski gerichtlich verfolgen ließ!

Ja wahrlich, wenn es nicht ein England in der Welt gäbe, so möchte ich in Deutschland wohnen! Aber die Revolutionen des Kontinents haben mich vertrieben, und auf diesem konstitutionellen Kreidefelsen, auf diesem Hort der Ruhe und der gesetzlichen Ordnung, will ich Hütten bauen, eine für mich, eine für dich, o teurer Spleen, und die letzte für dich, du liebenswürdigste und interessanteste aller Krankheiten, ja für dich, o Seekrankheit!«

Hier schwieg die holde Göttin, und der Spleen, der bisher so steif und unbeweglich wie eine Eule auf seinem Stuhl dagesessen hatte, suchte plötzlich aus lauter Begeisterung über den herrlichen »Speech« die Füße in die Hosentaschen zu stecken, indem er entsetzlich dabei nieste und ein schnarrendes »hear, hear!« ausstieß. Auch die Seekrankheit erwachte aus ihrer Lethargie und machte einige unheimliche Bewegungen. Ihr fahles Angesicht verzog sich zu einer jener unbeschreiblichen Grimassen, die man bei stürmischem Wetter an seinen Seegefährten zu studieren pflegt, und hätte ich nicht rasch meine Augen verhüllt, ich glaube wahrhaftig, das Schrecklichste wäre mir passiert.

Aber meine Gäste kehrten sich wenig an meine tiefen Empfindungen. Sie schauten mit dem süßen Einverständnis verwandter Seelen lächelnd einander an, und ein Bund wurde zwischen ihnen geschlossen, der noch manches Zeitliche überdauern wird.

Ich muß gestehen, ich spielte eine sehr traurige Rolle in diesem Augenblick.

Die Portweinflasche machte aber bald von neuem die Runde, und die Langeweile, der Spleen, die Seekrankheit und ich selbst füllten die Gläser bis zum Rande. Jetzt erhoben wir das schimmernde Kristall, und jetzt uns messend mit stierem Blick, neigten wir die Köpfe, kaum bemerkbar und möglichst steif, um endlich mit todernsten Gesichtern à tempo den großen Moment des Trinkens zu vollenden – und lautlos wurde es in dem weiten Gemache, und nur die Themse schlug murmelnd an die Quadern unseres Hauses, und fernher klang durch die Nacht das Brausen Londons, verhallend wie der Donnerfall des Niagara.

Das Gespräch erstreckte sich jetzt über die Zustände Englands, und die Göttin der Langenweile versicherte mir unter anderm, daß sie eine fleißige Kirchengängerin sei.

»Den englischen Gottesdienst«, meinte sie, »kann ich Ihnen nicht genug rühmen. Unten in dem Schiff der Kirche stehen die Repräsentanten der kleinen Mittelklasse; Menschen, die während der Wochentage so gern Sand in den Zucker streuen, die den Wein mit Schnaps vermischen und die Milch, wenn auch nicht mit Wasser aus dem Jordan, so doch mit dem Segen ihrer Pumpe taufen – mit einem Wort:

kleine, ehrliche Leute, die sich mit einem mäßigen Nutzen begnügen. Sie haben sich für heute einmal gründlich die Hände gewaschen und erscheinen in den Kirchenstühlen feierlich schwarz wie Stare und steif wie Böcke.

Rings auf den Galerien sammeln sich die höhern Klassen der Gesellschaft. Fabrikanten, die von reduzierten Arbeitslöhnen leben, unternehmende Spekulanten, die z.B. am Sonntag ungemein für Missionsangelegenheiten und Bibelgesellschaften schwärmen und in der Woche Götzenbilder fabrizieren, zum Export nach dem Innern von Afrika, nach Hindostan oder nach den Inseln der Südsee. Bankiers ferner, die das Skalpieren besser verstehen als die Mohikaner des fernen Westens. Makler, die gewiß in den Himmel kommen, weil sie den Teufel mit der größten Leichtigkeit um ihre Seelen prellen werden. Advokaten, die so berüchtigt sind, daß man die Kinder mit ihrem Namen bange macht. Unbestechliche Beamte, die bei 300 Pfund Einnahme jährlich 500 Pfund Ersparnisse zurücklegen. Gelehrte, die jederzeit bereit sind, für die Emanzipation der Sklaven aufzutreten, und die sich à la Lord Brougham das Gesangbuch in die Haut eines Negers einbinden lassen. Fromme, mildtätige Rentner, die zur Buße für ihre Sünden die gesetzliche Armentaxe bis auf Heller und Pfennig einbezahlen. Wie gesagt, es sind die bessern Klassen der Gesellschaft, welche die gepolsterten Sitze der Galerien einnehmen; Leute, die von 5.000 bis zu 20.000 Pfund wert sind, Geschäftsmänner ersten Ranges, die man an der Börse kennt, die stets gutes Papier remittieren, manchmal Wagen und Pferde halten und deswegen sehr respektabel sind. Die noch reicheren Leute dienen dem Herrn ihrem Gotte in aparten Logen.

Mitten zwischen den Männern sitzen die kaninchenkeuschen Gattinnen und Töchter der liebenden Familienväter. Die unten in dem Schiff der Kirche nach Rosinen und Korinthen, kurz, nach allen Gerüchen der Levante duftend; die auf den Galerien möglichst geschmacklos in die reichsten Seiden – und Atlasstoffe gekleidet.

Während der Organist auf seinem herrlichen Instrumente sehr schlecht präludiert, füllt sich der Raum allmählich mit Andächtigen. Jeden läßt man herein, und wohlgekleideten Fremden weist man mit der größten Artigkeit die besten Plätze an. Nur zerlumpte Arbeiter und Bettler, die keinen Kirchenstuhl bezahlen können, werden in die Zugluft des Einganges oder gar hinausgewiesen.

Endlich erscheint der Pastor. Er ist ein würdiger Mann, der sogar abends bei einer Flasche Portwein ein ganz fideler Kerl ist, der auch bisweilen in Eisenbahnaktien spekuliert und überhaupt die irdischen mit den himmlischen Interessen aufs vorteilhafteste zu verbinden weiß. Er hat das Alte und das Neue Testament im Kopfe, und räuspernd stellt er sich auf die Hinterbeine und schnarrt den Text.

Da erhebt sich die ganze fromme Gemeinde. Man wackelt mit den Köpfen, man wendet sich rechts und links, man verdreht die Augen, und säuselnd beginnen sie ihren Davidschen Psalm.

O liebliches Säuseln! Wie wird mir – bin ich auf Erden? Sitze ich unter Sterblichen? Sind das die Leute, die während sechs Wochentagen so trefflich zu schachern wissen, die von reduzierten Arbeitslöhnen leben, die Götzenbilder fabrizieren, die ihre gesetzliche Armentaxe bezahlen? Nein, es ist nicht möglich! Ich bin im Himmel. Ich höre die himmlischen Heerscharen singen; sie jauchzen von Liebe und Glauben, von Entsagung und göttlicher Barmherzigkeit – ja wahrhaftig, teuerster Freund, ich kann Ihnen den anglikanischen Gottesdienst nicht genug empfehlen.«

Hier machte die Göttin eine kleine Pause und trank ein großes Glas Portwein. Ich war etwas erstaunt über ihre Schilderung, denn nach alledem, was ich vernahm, mußte ich doch diese kirchlichen Feierlichkeiten für ungemein ergötzlich halten, und es war mir nur ein Rätsel, wie die Langeweile sich so sehr damit einverstanden erklären konnte. Die Göttin schien meine Zweifel zu erraten, und rasch fuhr sie zu reden fort: »Glauben Sie indes ja nicht, teuerster Freund, daß das allerdings belustigende Orgeln, Singen, Jauchzen, Wackeln und Augenverdrehen länger als eine halbe Stunde dauert.

Den heitern Präliminarien folgt endlich die langweilige Predigt. Sie können sich gar nicht denken, wie mächtig ich in der Rede eines englischen Geistlichen bin. Schon nach den ersten zwanzig Phrasen bringe ich die Leute, trotz ihres festen Vorsatzes, wach zu bleiben, zum leisen Einnicken, und ist der Redner gar bis an das Herz seines Gegenstandes vorgedrungen, da dominiere ich total, und es passiert nicht selten, daß der sprechende Pastor und ich selbst die einzigen Wesen sind, welche von vielen Tausenden die Augen offen behalten.

Ja, ich schwärme für den englischen Gottesdienst. Sie können die verschiedenen Momente desselben wie folgt zusammenfassen: zuerst das Geläut der Glocken, dann der Gesang; hierauf die Predigt und der Schlaf. Zuletzt das Vaterunser. Der Schlaf dauert am längsten. Dreimal habe ich sonntäglich das Vergnügen dieser Feierlichkeiten, unzählige schlaftrunkene Kränzchen und Konventikelchen nicht mitgerechnet.«

Jetzt begriff ich die religiöse Begeisterung meiner Freundin, und gern schickte ich mich an, ihren ferneren belehrenden Mitteilungen ein aufmerksames Ohr zu leihen.

»Der einzige Prediger in England, der die Leute nicht zum Schlafen bringt«, erzählte die Göttin weiter, »ist ein deutscher Jude, namens Wolff. Dieser Dr. Wolff ist eine so merkwürdige Persönlichkeit, daß Sie gewiß verzeihen werden, wenn ich Sie ausführlich über diesen ausgezeichneten Mann unterhalte. Es versteht sich von selbst, daß ich den Doktor hasse, denn durch seine interessanten Predigten droht er die Langeweile der englischen Kirchen auf eine sehr bedauerliche Weise zu meinem Nachteil umzugestalten.

Die Kindheit des ehrwürdigen Doktors gehörte dem patriarchalischen Glauben der Väter an. Das Mittelalter seines Lebens war dem Katholizismus gewidmet. In der neuern Zeit warf sich Wolff aber der Religion der Gegenwart, der anglikanischen Industrie, in die Arme. Alle großen Epochen der Weltgeschichte spiegeln sich also in dem Leben dieses Mannes wider.

Wolff wurde zu Frankfurt a.M. geboren, in derselben Stadt, die in alter und neuer Zeit so viele komische Geburten erlebt hat. Die ersten Lebensjahre unseres Helden verstrichen bedeutungslos. Wolff war seinen Eltern untertan. Zärtlich, wie Väter und Mütter sind, bestimmten die Wölffischen Eltern ihren Sohn für den Handel, und frühe schon unterwies Vater Wolff seinen Sohn in der hohen Kunst des Addierens und des Multiplizierens. Im Dividieren und im Subtrahieren unterrichtete er ihn nicht, denn Vater Wolff war der Ansicht, daß man dieses leider im Leben von selbst lerne.

Das Gemüt des Knaben ergötzte sich an dem geheimnisvollen Zauber der Zahlen, und sein Geist entwickelte sich zusehends.

Als aber Wölffchen so weit gekommen war, daß er selbständig zu rechnen verstand, da ging er mit sich zu Rate und machte die Entdeckung, daß er allerdings ein schönes Talent für die Vervielfältigung der beschnittenen Dukaten besitze, daß er aber einen Verrat an diesem Talente begehe, wenn er es in der untergeordneten Manier seiner Vorfahren ausbeute.

Das Kostbarste, was du besitzest – sagte Wolff zu sich selbst –, ist nicht deine angeborne Zähigkeit, dein scharfer Verstand und deine schleichende Courage, nein, noch viel kostbarer ist dein alter Glaube! Suche dieses rostige Vermächtnis mit Zähigkeit, mit Verstand und mit Courage in die kurrente Münze der Jetztzeit umzusetzen, denn nur auf diese Weise wirst du das große Rechenexempel deines Lebens ersprießlich lösen können.

Und Wolff wurde sehr ernst, und er setzte sich hin und studierte Tag und Nacht. Als er aber viele der ältern und der neuern Sprachen gründlich erlernt hatte und in fremden Zungen geradeso gut sprach und in fremden Zügen geradeso gut schrieb, wie er in Buchstaben und Zahlen, addierend und multiplizierend, glücklich fühlte und dachte: da reiste er nach Rom und legte sein orientalisches Gewand ab und schlüpfte in den weihrauchduftenden Rock eines Zöglings der Societas de propaganda fide.

Sein ewiges Volk vergaß der Abtrünnige in der Ewigen Stadt, und zu lächelnden Raffaelischen Madonnen betete der Jüngling, der sich beugen sollte vor dem alten Herrn Zebaoth der Frankfurter Börse.

Doch der alte Judengott lachte über den törichten verlornen Sohn, denn der Gott des Gewinnes und des Verlustes wußte sehr wohl, daß Wölffchen sich verspekuliert hatte. Ja, der alte Bankier Zebaoth ist blasiert über seine christlichen Debitoren; er kennt ihre Handlungsbücher so gut wie die seinigen, und er weiß, daß der heilige Petrus sich glücklich schätzt, wenn das alte Geschäft des Sinai die christlichen Wechsel noch ferner diskontieren will.

Bei seinem Übertritt zur katholischen Kirche hatte Wolff an alles gedacht, nur nicht an dies. Zu seinem nicht geringen Schrecken wurde er plötzlich des fatalsten aller Mißgriffe inne.

Er glaubte, bei reichen, mittelalterlichen Äbten und Kardinälen angekommen zu sein, und er war zu den allermodernsten Bettelmönchen geraten; und ob die Raffaelischen Madonnen auch noch so lieblich lächelten und ob der Weihrauch auch noch so lieblich duftete, Wolff fühlte sich sehr unbehaglich in dem vermeintlichen Mittelalter, er lernte damals das Dividieren und das Subtrahieren, und gern hätte er den Rock der Propaganda wieder mit dem Gewande des Orients vertauscht.

Doch das war nicht mehr möglich, der Kredit unseres Helden war bei der orthodoxen Bank Sinai zu sehr erschüttert. Er konnte nicht zurück; er konnte nur vorwärts, und rasch beschäftigte er sich damit, die hindernden Widersprüche seines Daseins zu versöhnen, um endlich einer erfreulicheren Karriere entgegenzusteuern –.

Der Jude, der ein Römer geworden war, wurde nämlich aus einem Römer ein Engländer. Ist eine vortrefflichere Verwandlung denkbar?

Wolff ging zur anglikanischen Kirche über, und vollkommen gelang es ihm jetzt, seine patriarchalischen Reminiszenzen und seine ganze mittelalterliche Anschauung in die praktischen Interessen der Jetztzeit aufzulösen.

Ein ganz besonderer Umstand kam ihm hierbei trefflich zustatten. Wolff machte sich nämlich anheischig, zwei in Indien verlorengegangene englische Offiziere wiederaufzusuchen. Er reiste wirklich nach jenen fernen Gegenden ab, und in allen englischen Journalen las man bald die wunderbare Nachricht, daß der würdige Doktor, auf einem Esel reitend, in wallendem Talare, das Wort des lebendigen Gottes aufgeschlagen in der Hand, alle feindlichen Positionen passiert habe und bis nach Bokhara vorgedrungen sei. Wochen und Monate verstrichen indes, und Wölffchen langte endlich wieder wohlbehalten in Alt-England an – ohne die beiden Offiziere.

Sein Glück war aber gemacht. Er war der Mann des Tages. Die englischen Journale machten sich ein Vergnügen daraus, ihre Spalten durch die abenteuerlichen Berichte des Doktors zu würzen, und der Doktor selbst stieg auf alle Kanzeln und Tribünen, um auch mündlich den erstaunten Pfarrkindern seine Don Quijotiaden vorzutragen. Eine Pfarre, die etwa 600 Pfund einbrachte, und eine Lady mit ebensoviel Rente waren bald die Belohnung des jüdisch-römisch-anglikanischen Frankfurters, und nie hat wohl jemand den frommen Bewohnern Großbritanniens eine entsetzlichere Nase gedreht als unser Wölffchen.«

Hier schwieg die holde Göttin der Langenweile. Der Spleen kaute an den Fingern, die Seekrankheit schaukelte sich auf ihrem Sessel, und ich selbst war so entzückt über die interessanten Mitteilungen meiner Freundin, daß ich das Trinken ganz darüber vergessen hatte – was gewiß viel heißen will.

Aber seht, ihr Romanschreiber und Novellendichter: wenn ich von der Langenweile träume, so bin ich interessanter, als wenn ihr wachend eure kurzweiligsten Schätze zu produzieren versucht.

»Ja, teuerster Freund, ich dominiere in England –«, sprach die Göttin der Langenweile, etwas ermüdet von dem vielen Erzählen. –

»Oh, Verehrteste«, erwiderte ich ihr, »ich bin ganz davon überzeugt; ich hatte die beste Gelegenheit, Ihr stilles Walten an Ort und Stelle zu bewundern. So wohnte ich z.B. einst in der Nähe einer Familie, deren Geschichte zu den langweiligsten gehört, die Sie hören können –«

»Erzählen Sie!« riefen meine Gäste, und ich mußte natürlich gehorchen.

»Besagte Familie bestand aus drei Personen. Aus dem Vater, der Mutter und der Tochter. Der Vater war ein Ehrenmann; er sprach wenig und aß viel. Den Trunk liebte er aber über die Maßen. Seines Zeichens war er ein Fabrikant von Grabsteinen, woraus Sie abnehmen können, daß der Herr Thompson nur mit den bessern Klassen der Gesellschaft zu tun hatte, denn ein Arbeiter reflektiert selten auf ein Monument, ein Arbeiter ist schon damit zufrieden, wenn er tot ist, ein Arbeiter ist ein ungebildeter Mann – – So dachte Herr Thompson, und wie gesagt, machte er nur mit reichen Fabrikanten, mit feisten Pächtern, mit ehrwürdigen Pastoren, kurz, mit Leuten Geschäfte, die schon bei Lebzeiten einsehen, daß es dereinst gar nicht schaden kann, wenn man ihnen schwarz auf weiß auf die Grabsteine schreibt, daß sie einen tugendhaften Lebenswandel führten, niemand betrogen und gen Himmel fuhren als anständige Bürger der Stadt und gläubige Jünger Jesu Christi – – Herr Thompson machte vortreffliche Geschäfte. Aber der Trunk, der Trunk! Herr Thompson liebte den Trunk mehr als sein Leben, und er trank sich deshalb zu Tode.

Als er aber nun eine schöne respektable Leiche war, da ging seine hinterlassene Gemahlin mit sich zu Rate und setzte ihm auf sein Grab den schönsten Leichenstein, der je die Asche eines Gerechten gedrückt hat. ›Hier ruht Herr Thompson‹, hieß die Inschrift, ›Fabrikant von Grabsteinen, Eigentümer mehrerer Häuser und Familienvater. Wandrer, stehe still usw.‹ – Nichtsdestoweniger war die Witwe unglücklich genug, keinen zweiten Wandrer durchs Leben auftreiben zu können.

Ja, dies war sehr schlimm, denn der verstorbene Herr Thompson hatte seiner Gattin außer mehreren Häusern und außer seinem restierenden Vorrat an Grabsteinen auch noch dieselbe Leidenschaft hinterlassen, aus welcher er selbst in ein besseres Leben hinüberschlummerte, und je mehr sich die Aussicht der Witwe verschlechterte, einen andern Gatten wiederzufinden, desto mehr verringerte sich bald der Wert der Häuser und die Zahl der Grabsteine, so daß von Häusern und Grabsteinen nur ein einziger unversetzter und nicht vertrunkener Grabstein übrigblieb, den Frau Thompson mit sich ins oder vielmehr aufs Grab nahm, als sie, dem Beispiele ihres vorangegangenen Gemahles treu, endlich ebenfalls am Trunke dahinschied, um ihr Töchterchen ohne Häuser und ohne Grabsteine allein auf der Oberwelt zurückzulassen.

Die arme Miss Thompson war nun wirklich übel dran. Übrigens war sie schön, und das ist schon immer etwas. Nachdem sie daher als echte Engländerin bei sich überlegt hatte, ob sie nach Australien gehen, ob sie sich den Hals abschneiden oder ob sie lieber heiraten solle: zog sie schließlich das letztere vor und verfügte sich sofort zu ihrer Nachbarin.

Der Zufall wollte es, daß ich bei eben dieser Nachbarin im Hause wohnte. Sie war eine der vortrefflichsten und ehrlichsten Frauen, die ich je gesehen habe. In der Kochkunst war sie nur bis zu einem Beefsteak gekommen, aber in der Frömmigkeit blieb sie hinter David und Salomo wenig zurück. Die Psalmen des erstern wußte sie vortrefflich falsch zu singen; die Katze, der siedende Teekessel und die Wetterfahne auf dem Dache stimmten in den Gesang ein, und ich werde wohl nie wieder ein solches Konzert zu ertragen haben.

Meine alte Wirtin hatte den Besuch der jungen Miss Thompson freudig entgegengenommen und sofort die nötige Rücksprache mit ihr getroffen. Es war ihr bald klar, was das Herz des armen Kindes verlangte, und keine zehn Minuten verflossen, da klopfte die ehrliche Frau auch schon an mein Zimmer.

Ich war nicht wenig erstaunt, die Alte mit der Jungen hereintreten zu sehen. Ich springe empor, ich lade die junge Dame aufs freundlichste ein, sich zu setzen, und nachdem wir die gewöhnlichen Artigkeitsphrasen miteinander gewechselt haben, erkundige ich mich darnach, was mir die Ehre dieses schönen Besuches verschafft hat.

Traurig schlägt da die kleine Miss ihre blauen Augen nieder; ich ergreife ihre weiche Hand und bitte sie, Zutrauen zu mir zu fassen und alles von mir zu verlangen, was ein Sterblicher zu leisten imstande ist – aber vergebens. Eine peinliche Windstille entsteht in der Konversation. Ich habe Zeit, die junge Person zu betrachten; sie ist allerliebst. Die blonden Haare, der schlanke Wuchs, die weißen Hände und die schwermütig verhangenen Augenlider: alles zieht mich unwillkürlich zu ihr hinüber; ich bitte sie inständigst, mir die Rätsel ihres kleinen

Herzens zu erschließen, und tausend Eide schwöre ich, nichts davon verraten zu wollen – aber umsonst!

Da ist endlich meine alte Wirtin so gescheit, der allseitigen Verlegenheit ein Ende zu machen. Sie stemmt die Hände in die Seiten und erzählt mir die Geschichte von den Eltern des Mädchens, von den Häusern und den Grabsteinen: ›Und sehn Sie‹, fährt sie dann fort, ›Miss Eliza ist jetzt ein verlassenes Kind.

Was soll sie tun? Es ist am besten, daß sie heiratet. Sie trägt Ihnen daher ihr Herz und ihre Hand an, und es wird ihr jedenfalls lieb sein, wenn Sie sich bald entschließen wollen, denn das Alleinsein ist langweilig, und der Mann findet den besten Komfort in seinem geliebten Weibe –‹

Einen Davidschen Psalm beginnend, endet die Alte ihren Vortrag, und verwundert blicke ich bald auf die würdige Matrone, bald auf das schüchterne Mädchen. Die Unbeweglichkeit und das Schweigen der jungen Miss scheinen mir zu beweisen, daß die Alte die reine Wahrheit gesprochen hat. Ich rücke daher näher mit meinem Sessel und lege die Hand vertraulich auf den Arm des hübschen Kindes. ›Sie wollen mich also heiraten?‹ – ›Yes, Sir.‹ Es wird mir ganz angenehm zumute. ›Wie der Prophet Habakuk‹, fahre ich fort, ›bin ich capable de tout, aber erlauben Sie wenigstens, liebe Miss, daß ich Ihnen vorher eine Woche oder einen Monat lang Gelegenheit gebe, mich kennenzulernen. Es kann Ihnen doch unmöglich recht sein, so ohne weiteres eine Verbindung einzugehen, welche die interessantesten Folgen haben könnte. In der Tat –‹

Die Alte unterbricht mich: ›Vierundzwanzig Stunden! Vierundzwanzig Stunden haben Sie Bedenkzeit!‹ – ›Ja, vierundzwanzig Stunden‹, lispelt die Miss, und sie erhebt sich und verschwindet.«

»Aber Sie werden doch, beim Teufel, das Frauenzimmer nicht geheiratet haben?« fragte hier mein grauer Freund, der Spleen, indem er sich erschrocken emporrichtete.

»Teuerster Spleen, ich wäre wirklich fast so toll gewesen. Vor allen Dingen hielt ich es für meine Pflicht, der heiratslustigen Kleinen den gemachten Besuch sofort zu erwidern. Ich traf sie sehr gefaßt in ihrem Zimmer an; ich setzte mich zu ihr und erzählte ihr einen halben Tag lang alles, was mir gerade in den Sinn kam. ›Vierundzwanzig Stunden!‹ blieb aber der Termin. Der Starrsinn der Kleinen war nicht zu beugen.

Das Ende vom Liede war, daß meine Schöne nach vierundzwanzig Stunden den ersten andern Menschen zum Manne nahm, der ihr in den Wurf kam. Ich begleitete das glückliche Ehepaar zur Kirche, und wir sind stets besonders gute Freunde geblieben.«

»Kam die junge Frau mit einem Knaben oder mit einem Mädchen nieder?« fragte die Langeweile.

»Mit einem Grabstein!« murmelte der Spleen, und die Seekrankheit wälzte sich vor Lachen.

Die Göttin der Langenweile wunderte sich keineswegs über die Geschichte der jungen Miss Thompson: »Mit den Heiraten ist es ein eigenes Ding in England«, fuhr sie fort, »die Heiraten stehen in England in genauem Zusammenhange mit den Weizenpreisen. Wahrscheinlich ist dies in andern Ländern nicht weniger der Fall, aber ich möchte fest behaupten, daß sich namentlich in England die gegenseitige Annäherung junger Personen, ja, mit einem Worte, daß sich die Liebe beider Geschlechter genau nach den Notierungen der Kornhändler von Mark Lane richtet. So wurden z.B. im Jahre 1832 bei einem Weizenpreise von 52 Schilling p. Quarter 242.469 Ehen geschlossen, eine Anzahl, die sich im Jahre 1835 bei einem Weizenpreise von 34 Schilling bis auf 275.508 Ehen vergrößerte.

Haben Sie nur die Güte, die höchst interessanten statistischen Tabellen über die Population der Vereinigten Königreiche in Porters ›Progress of the Nation‹ nachzuschlagen, und Sie werden nicht nur finden, daß diese Angaben durchaus richtig sind, sondern daß sich dieselben Schwankungen auch in allen übrigen Jahren seit dem Beginn dieses Jahrhunderts wiederholten.

Ja, der Gott Amor hängt von den Fruchthändlern der Londoner City ab; die Fruchthändler der City richten sich nach dem Wind und dem Wetter, und die Liebe ist eine rein ökonomische Frage.

Wenn Ihnen die allerliebste Miss Thompson einen Heiratsantrag machte, so glauben Sie daher ja nicht, daß diese Artigkeit Ihren geistigen und körperlichen Vorzügen gegolten hätte – nein, Fräulein Thompson hatte vielleicht gerade in irgendeiner Zeitung gelesen, daß wegen des schlechten Wetters und infolge einer bevorstehenden Mißernte die Fruchtpreise bedeutend in die Höhe gehen würden, und es verstand sich daher von selbst, daß sie als echte Engländerin sofort den Entschluß faßte, sich zu verlieben, um Sie noch zur rechten Zeit zu der Torheit einer ehelichen Verbindung zu verleiten.

Die Ehe ist in England eine Geschäftssache, welche man so rasch und so rund als nur möglich abzutun pflegt, und wenn man der Liebe noch keinen besondern Platz auf der Börse anwies, unterblieb dies nur deswegen, weil man bisher dergleichen geringfügige Geschichten en passant abmachte und sie mehr unter die Rubrik der Spekulationen brachte, welche ganz im stillen und ohne viel Geräusch behandelt werden wollen.

Die englischen Arbeiter machen einzig und allein eine Ausnahme in dem Geschäftsabschluß der Ehe. Es liegt auf der Hand, daß diese armen Leute sich nur durch den Frühling, durch einen singenden Vogel oder durch eine hübsche Blume zur Liebe hinreißen lassen, denn die Konsequenzen ihrer ehelichen Verbindungen kommen nicht in Pfunden Sterling, sondern nur in jenen hungrigen Kindern zum Vorschein, deren Sterblichkeit, wie bekannt, nach einer schlechten Ernte oder nach einer Handelskrise um 25 bis 30 Prozent über die Summe des gewöhnlichen Totenzettels hinauszusteigen pflegt.

Die Aristokratie verheiratet sich in England, um ihre Rasse fortzupflanzen; die Mittelklasse sucht ein Zinsengeschäft zu machen, und der Arbeiter nimmt ein Weib, damit ein gleichgestimmtes Wesen seine Not und seine Langeweile teile, denn man langweilt sich jedenfalls weniger zu zweien als allein.

Aus diesem Grunde bin ich gegen jede Ehe!

Ostern und Pfingsten sind die Zeitpunkte, wo namentlich die englischen Arbeiter ihre Ehen schließen. Es ist nicht selten, daß man dann vierzig bis sechzig Paare vor den verschiedenen Kirchentüren einer Fabrikstadt antrifft. Die heiratslustigen Männer, junge Burschen von 18 bis 22 Jahren, haben sich so hübsch als möglich herausgeputzt. Ihre Bräute tragen schwarze Merinokleider und ein schneeweißes wollenes Tuch darüber. Beiläufig bemerkt, unterscheiden sich die Fabrikarbeiterinnen in ihrer Kleidung sehr von den weiblichen Dienstboten. Während die ersten nämlich im gewöhnlichen Leben alle Farben und an ihrem Hochzeitstage schwarz tragen, kleiden sich die Dienstboten, namentlich die der wohlhabendern Familien, fast durchgängig violett, eine Farbe, die sich sehr hübsch macht, besonders im Gegensatze zu dem schneeweißen englischen Teint des Halses und des Busens, der bei dem tiefen Einschnitt der Kleider stets Gelegenheit hat, sich dem Auge des aufmerksamen Beobachters in seinen vorteilhaftesten Formen zu zeigen.

Ist die Ehe kirchlich eingesegnet, so ziehen die Neuvermählten, ein Paar hinter dem andern, durch die Stadt, um nach einem schnell beendigten Mittagessen gemeinschaftlich eine Hochzeitsreise in die nächsten Felder oder auf die umliegenden Hügel zu unternehmen, wo man sie in dem geselligsten Zusammensein bis gegen Abend durch Spielen, Tanzen und Singen ihren Hochzeitstag feiern sieht.

Wie die englischen Arbeiter in fast allem, was sie tun und treiben, aus der gewöhnlichen guten Sitte der steifen Mittelklasse heraustreten, so zeichnen sie sich auch durch diese massenhaftere und deswegen viel interessantere Hochzeitsfeier vor den übrigen Klassen der Gesellschaft vorteilhaft aus. Statt eines einzigen frisch vermählten Paares, das von seiner Umgebung mit dummen Glossen und mit abgenutzten Witzen umringt wird, begehen die Arbeiter in Gesellschaft den Tag der ersten Liebe, und der Himmel ist auch fast immer so gefällig, die kurze Feier mit seiner Oster- oder Pfingstsonne aufs freundlichste zu begünstigen.

In früheren Jahren dehnten Neuvermählte fast nie ihre Hochzeitsreisen weiter als auf den Besuch der nächsten Felder aus. Erst seit die Eisenbahnen den Verkehr erleichtert haben, unternehmen sie auch Touren nach den benachbarten Städten und Dörfern. Von einer solchen Reise hatte ich neulich das komischste Beispiel. Tom Holmes, ein Fabrikarbeiter, liebte nämlich Mary Ann Wilson, das Dienstmädchen einer vornehmen Kaufmannsfamilie in Manchester. Der Frühling kam, und Tom bestand darauf, daß man Hochzeit halte. Mary Ann mußte sich daher am Sonntag für einige Stunden Urlaub ausbitten; man ging zur Kirche und ließ sich kopulieren. Leider waren aber so viele Brautleute vor Tom und Mary Ann eingeschrieben, daß unser junges Paar fast drei Stunden auf seinen Segen warten mußte. Von den vier Stunden, welche Mary Ann Urlaub erhalten hatte, blieb daher nach dem Schluß der kirchlichen Feier nur noch eine Stunde übrig. Es war nun zu spät, eine beabsichtigte Eisenbahntour nach Liverpool zu machen, und Mary Ann schlich zur bestimmten Stunde wieder zurück in das Haus ihrer Herrschaft. Traurig langweilig traf ich das arme Mädchen hier an. Den Kopf auf die Hand gestützt und die hellen Tränen im Auge, saß das verlassene Kind in dem stillen Zimmer der Küche und begriff eigentlich nicht recht, weshalb man nur deswegen heirate, um sich gleich wieder von seinem Manne zu trennen. Da tritt die Dame des Hauses vor ihre Magd. Sie sieht, daß das schöne Mädchen geweint hat, und sie erkundigt sich nach der Ursache ihres Kummers. Mary Ann will lange Zeit nicht mit der Sprache heraus, zuletzt gesteht sie, daß Tom es ›nicht länger habe aushalten können‹, daß sie geheiratet hätten und daß der Urlaub leider nur gerade für die Kirchenfeier ausgereicht habe und daß Tom, da sie gezwungen gewesen sei, nach Hause zurückzukehren, nun ›*allein*‹ die beabsichtigte Hochzeitsreise nach Liverpool unternommen habe, von der er hoffentlich zurückkehren werde, um dann später einmal seine Frau wiederzusehen.«

Die Göttin der Langenweile schwieg. »Diese Heirat scheint also weder aus Spekulation noch aus Vergnügen unternommen worden zu sein?« setzte ich hinzu. »Ja, nicht einmal die Fruchtpreise wurden dabei berücksichtigt.«

»Tom konnte es nicht länger aushalten«, wiederholte die Göttin, und der graue Spleen meinte, daß er sehr wahrscheinlich in dieser Geschichte ein bedeutendes mitgespielt habe.

Ich hatte den Erzählungen der Göttin der Langenweile mit der größten Aufmerksamkeit zugehört, aber ich muß gestehen, ich fühlte allmählich den Einfuß der holden Dame. Es war mir zumute, als hörte ich einen evangelischen Kandidaten die erste Sonntagnachmittagspredigt säuseln, als läse ich einen Leitartikel der »Kölnischen Zeitung«, als sähe ich Regenwürmer aus der Erde kriechen und nach der Musik eines Dudelsacks den Fandango tanzen.

Meine Nase wurde unwillkürlich länger, ich fühlte, daß meine Beine sich dehnten, und ich mußte gähnen, entsetzlich gähnen.

Alles das encouragierte aber die würdige Göttin nur, immer weiter fortzufahren. Ich legte mich daher ins Mittel und bemerkte ihr, daß ihre Mitteilungen allerdings von dem höchsten Interesse gewesen seien, daß ich aber nun über das Familien- und Kirchenleben der Briten hinlänglich unterrichtet wäre und daß es mir angenehm sein würde, auch über sonstige Dinge noch etwas zu erfahren.

»Ach, da muß ich Ihnen vom Parlamente erzählen!« rief da die Göttin, und ohne weiteres schickte sie sich an, mich in das Haus der Gemeinen einzuführen.

»Das provisorische Haus der Commons ist ein wenig räumliches, aber gut eingerichtetes Gebäude. Im Sirzungssaale bemerken Sie rechts und links auf gepolsterten Bänken die ehrenwerten Mitglieder; die

Hüte auf den Köpfen, die Beine übereinandergeschlagen. Im Hintergrunde, zwischen den beiden Reihen der Mitglieder, sitzt der ›Sprecher‹, der Präsident, der wohl nur deswegen Sprecher heißt, weil er nie spricht, auf einem ziemlich hohen Stuhle. Er trägt eine große Allongeperücke und schneidet ein todernstes Gesicht. Vor dem Sprecher sitzen zwei Schreiber, ebenfalls mit Perücken, und vor den Schreibern steht ein Tisch, auf dem sich die für die Debatte erforderlichen Papiere usw. befinden. Dem Sprecher gegenüber, an dem andern Ende des Saales, ist die sogenannte Bar, welche nur Parlamentsmitglieder passieren dürfen. Dies die Einrichtung des untern Teiles des Hauses. Oben laufen Galerien um alle Wände. Die Galerien rechts und links sind nur den Mitgliedern zugänglich. Die Galerie über dem Sprecher ist für die Berichterstatter bestimmt; die ihm gegenüberliegende Tribüne gehört den Fremden.

Beiläufig bemerke ich Ihnen noch, daß die Bänke zur Rechten des Sprechers von der ministeriellen Partei eingenommen werden und daß auf der ersten Bank die Minister sitzen. Links vom Sprecher läßt sich die Opposition nieder. Die Mitglieder sprechen nicht von einer Tribüne, sondern von ihren Plätzen, indem sie sich von der Bank erheben und für die Dauer der Rede ihre Häupter entblößen.

Ich hoffe, daß Ihnen meine Schilderung klar ist. Wenn Sie als Fremder auf der Fremdengalerie sitzen, so sind Sie in dem umgekehrten Falle wie der Sprecher. Zu Ihrer Linken haben Sie dann das Ministerium; zu Ihrer Rechten die Opposition, und zwischen beiden Parteien durch blicken Sie über den Tisch des Hauses hinweg geradezu auf die große Nase des Sprechers.«

»Verstanden!« unterbrach ich die Göttin und weckte mich aus meinem Geistesschlummer durch ein großes Glas Portwein.

»Oh, selige Nächte habe ich schon in diesem Hause verlebt«, fuhr die Langeweile fort, »denn die Sitzungen dauern häufig ihre acht bis zehn Stunden und ziehen sich nicht selten bis 4 oder 5 Uhr morgens hin. In solchen Fällen bin ich allmächtig. Die geduldigsten Mitglieder des Hauses bringe ich zur Verzweiflung und die hitzigsten Gemüter zum Einschlafen. Mit Recht kann ich von den endlos langen Debatten sagen, daß sie diejenigen sind, in welchen ich eine fast unumschränkte Herrschaft ausübe, und ich habe nur zu bedauern, daß gewöhnlich die meisten ehrenwerten Mitglieder davonlaufen, wenn eine derartige Diskussion beginnt. Ja, die Engländer sind blasiert über das irische

Elend; sie hörten es schon zu oft wiederholen, daß Paddy ein armer Teufel ist; es ist eine Sache, die sich von selbst versteht, und niemand begreift, warum man noch viele Worte darum verlieren soll.

Als der alte Daniel O'Connell noch lebte, da war freilich die Geschichte anders, denn der König Dan war eine zu merkwürdige Persönlichkeit, als daß man nicht mit Aufmerksamkeit hätte zuhören sollen. Sowie er vom Sprecher das Wort erhielt, stürzte auch ein Türsteher in den nächsten Konversationssaal, um den schwatzenden Mitgliedern die Wendung der Debatte anzuzeigen, und sofort füllten sich alle Bänke mit Zuhörern. Wie ein General auf dem Schlachtfeld stand der alte Dan auf seinem Platze, und wenn er bald mit Donnerstimme den Engländern das Elend seiner Landsleute ins Gedächtnis zurückrief und bald in süßen, melodischen Tönen von dem ›Edelstein der See‹, von der ›schönsten Insel der Welt‹ lispelte, da schlief niemand ein, da lauschte man jedem Worte, und selbst die Gegner konnten den Beifall nicht versagen.

König Dan war ein schlauer Mann. Er hing seine Advokatur an den Nagel und wurde Agitator, eine Beschäftigung, die ihm jährlich etwa 30.000 Pfund einbrachte. Solange die Agitation dauerte, solange bezog Dan auch diese Rente, und es war daher ganz in seinem wohlverstandenen Interesse, daß er der Leidenschaft des Volkes nie zu sehr den Zügel schießen ließ und nie den Versuch machte, die revolutionäre Bewegung und damit das Elend seiner Landsleute zum Schluß zu bringen. Leute, die nicht auf der Höhe ihrer Zeit stehen, könnten hieraus schließen, daß Dan eigentlich ein großer Schuft gewesen sei – – Aber was wollen Sie? Dan war Geschäftsmann. Dan spekulierte in irischem Elend, und wenn sich auch die Irländer dazu gratulieren konnten, daß Dan endlich starb und daß ihnen die Augen aufgingen, so verlor doch das britische Parlament jedenfalls einen Mann, der zu den besten Rednern gehörte. Ja, der alte Dan hat mir durch seine fulminanten Reden oft genug Eintrag getan, und ich kann ihm nur deswegen verzeihen, weil er einst einen Streich beging, der das Haus für mehrere Tage langweiliger machte, als es vielleicht seit seinem Bestehen gewesen ist.

Die Sache verhielt sich nämlich einfach so, daß man O'Connell bei irgendeiner Debatte durch allerlei Intrigen halb rasend gemacht hatte. Vergebens ließ Dan alle Minen springen, um seine Gegner wenigstens in etwa für seine Pläne zu interessieren – aber man lachte ihn aus und trieb ihn dadurch schließlich zu einer der schlimmsten Maßregeln, welche je dagewesen. Jedesmal nämlich, wenn die Verhandlungen ihren Anfang nahmen, erhob sich O'Connell von seiner Bank und bemerkte dem Sprecher, daß Fremde auf der Galerie zugegen seien und daß er ihnen sofort befehlen möge, sich zurückzuziehen. Da es nun wirklich in England noch ein altes Gesetz gibt – more honoured in the breach, than the observance –, wonach jeder Fremdenbesuch im Parlamente und deswegen auch jede Veröffentlichung der Debatten untersagt ist, so mußte der Sprecher dem Aufruf des Irländers gehorchen, und im Nu wurden dann jedesmal die Galerien der Fremden und der Berichterstatter geräumt. Schrecklich war dies für die ehrenwerten Mitglieder, denn nichts von allen ihren schönen Reden drang jetzt mehr in die Öffentlichkeit, und da O'Connell eine Woche lang bei seiner Maßregel beharrte, so stellte sich bald eine solche Lauheit und eine solche Schlafsucht ein, daß man das Parlament zuletzt gar nicht mehr wiedererkannte. Es schien, als ob alle Energie versiegt wäre, und ich bin der Meinung, daß die damalige Zeit die interessanteste war, welche die Langeweile je erlebt hat.

Dan ist nun längst tot und vergessen, aber er hat uns ein köstliches Kleinod hinterlassen in seinem Sohn John! Ja, wenn Tristram Shandy meinte, daß er nur deswegen ein so lustiger und humoristischer Bursche sei, weil ihn sein Vater in dem Momente zeugte, wo ihm mit Schrecken einfiel, daß er das monatliche Geschäft des Aufziehens seiner großen Hausuhr vergaß, so sollte man von Herrn John O'Connell, wenn er nicht gar zu alt wäre, fast vermuten, daß ihn sein Vater in jener Periode zustande brachte, wo das britische Parlament so traurig aussah, als litte es an den sieben ägyptischen Plagen. Stellen Sie sich in diesem John O'Connell, der unglücklicherweise weder den Verstand noch die Rente seines Vaters geerbt hat, einen Mann vor, von dem man nicht weiß, ob er mehr einem Frage- als einem Ausrufungszeichen gleicht. Zackig und winkelig sind alle seine Bewegungen; platt ist seine Nase und platt sein Schädel. Wie ein Pilz aus dem Sumpfe schießt er empor von seiner Bank, und mit der Stimme eines Frosches hebt er jetzt stotternd an zu sprechen von dem Elend seiner Landsleute, von dem ›Edelstein der See‹, von der ›schönsten Insel der Welt‹.

Was man einst von einem Riesen vortragen hörte, man vernimmt es jetzt aus dem Munde eines Krüppels. Nach und nach verlassen die Mitglieder des Hauses ihre Plätze; die, welche sitzenbleiben, rücken zu traulicher Konversation näher aneinander, und selbst der Sprecher neigt sein Haupt auf die Schulter, um irgendeinem alten Bekannten zu lauschen, der die Dauer der O'Connellschen Rede durch die Erzählung eines Spaßes zu betrügen weiß.

Wie ein Betrunkener sich mit seinen Beinen in einem Bunde Stroh verwickelt, so verwickelt sich der Redner in dem Stroh seines Vortrags. Je mehr er in das Herz seiner Litanei vordringt, desto mehr vergißt er, daß alle Mitglieder des Hauses längst aufgehört haben, ihm zuzuhören, daß Lord John seine Papiere durchsieht, daß Sir George Grey mit einigen Nachbarn die heitersten Witze reißt, daß Sir James Graham sinnend seine kahle Glatze reibt und daß die Nase des alten Hume längst hinabgesunken ist in die weiße Hemdkrause. – Unaufhaltsam ist aber der holprige Fluß der O'Connellschen Beredsamkeit; er zerbricht die Worte mit seiner Zunge, wie man Pfeifenstiele zerbricht mit den Fingern, und wenn er jetzt mit seinen Fäusten auf die Lehne der Bank schlägt wie mit zwei Hämmern auf den Amboß und wenn ihm der Angstschweiß auf die Stirn tritt und wenn er mit röchelnder Stimme jetzt zum Schlusse erklärt, daß er auf der Flur des Hauses sterben werde, wenn diese oder jene Maßregel gegen Irland passiere, und wenn er nun erschöpft zusammensinkt: da erwachen mit einem Male alle ehrenwerten Mitglieder aus ihrer Lethargie und rufen ein ironisches ›Hört! Hört!‹ und lachen aus vollem Halse, weil Herr O'Connell schon sechsmal versprochen hat, auf der Flur des Hauses sterben zu wollen, und noch immer nicht gestorben ist – und mit Schrecken sieht man, daß ein egoistischer Gauner, aber ein vortrefflicher Redner das arme Irland vielleicht noch besser verteidigte als ein ehrlicher Mensch, aber ein parlamentarischer Tropf.

Oh, diese irischen Debatten sind ein wahres Gaudium für mich«, vollendete die Göttin der Langenweile, »und nur dann erhalten sie plötzlich eine andre Wendung, wenn der große Polterer in ihnen auftritt: der Chartist Feargus O'Connor.

Langsam und feierlich erhebt der Sprecher seine Hand, und zu vornehmem Gruße neigt er kaum bemerkbar sein Haupt.

›Mr. Feargus O'Connor!‹ ruft er dann im tiefsten Tone, indem er hinüberblickt nach der ersten Oppositionsbank, und sofort erhebt sich der Chef der Chartisten, merkwürdigerweise gerade zwischen Sir Robert Peel und Sir James Graham.

O'Connor ist ein stattlicher Mann. Auf wohlgebildeten und gewandten Schenkeln und Lenden erhebt sich ein breitschultriger, brustgewölbter Oberkörper, der einen mehr interessanten als schönen Kopf mit breiter, nach vorn stehender Stirn trägt. O'Connors Haare sind rötlich, seine Augen liegen tief, seine Nase ist etwas aufgestülpt. In O'Connors Auftreten liegt Würde und Festigkeit; seine Gestikulation ist lebendig, der Ton seiner Stimme kräftig, metallen.

Zu der Zeit, als Daniel O'Connell seine Advokatur an den Nagel hing, um sich ausschließlich mit der irischen Repeal-Agitation zu befassen, da glaubte er in seinem Landsmanne Feargus O'Connor ein treffliches Werkzeug für seine Pläne gefunden zu haben; Freund Dan protegierte daher den jungen Feargus in auffallender Weise. Eine Zeitlang harmonierten die beiden aufs beste miteinander; als der schlaue Daniel aber sah, daß der junge Feargus viel zu wild und zu entschieden auftrat, um die Agitation in einer der O'Connellschen Rente vorteilhaften Weise zu befördern, da schob er ihn leise beiseite und sandte ihn hinüber nach England, wo nach Henry Hunts Tode ein tüchtiger Agitator unter den Arbeitern immer nötiger geworden war. O'Connor begriff den Zusammenhang seiner Sendung erst später und hat sein Beiseiteschieben dem alten Dan nie vergessen können.

Einmal in England angekommen, warf sich der ›wilde Feargus‹ mit aller Energie in die Bewegung der arbeitenden Klasse und imponierte sofort durch seine große Courage, durch seine namenlose Tätigkeit, vor allen Dingen aber durch seine vollkommene Rechtlichkeit, die freilich vielfach angefochten ist, von der aber das gänzliche Verschulden der O'Connorschen Besitzungen in Irland den besten Beweis liefert. Ihn unterstützte bei seiner Agitation der eigentümliche Reiz, der über dem Namen der O'Connors liegt. Denn seinen Stammbaum leitet O'Connor zurück bis zu den fernsten, halbverschollenen Königen des grünen Erin. Verwachsen ist der Name seines Hauses mit allen blutigen Ereignissen jener unglücklichen Insel; durch das Tosen einer jeden Revolte klingt der Ruf eines O'Connor. Vergangenheit und Gegenwart berühren sich in diesem Manne. Er erschien wie ein vom Thron gestürzter König, der als kecker Proletarier wieder auferstand, ohne Leid um das Geschehene, mit allen Fasern seines Lebens wurzelnd in der Gegenwart und mit der Riesenfaust donnernd vor die Pforte der Zukunft, daß sie weit dem Volke sich erschließe und nur dem Volke!

War es ein Wunder, daß er bald als Chef der englischen Chartisten dastand?

Ja, das Volk liebte O'Connor. In seinem O'Connor sah das Volk sich selbst.

Abwechselnd himmlisch weise und niederträchtig dumm; tragisch ernst und bis zum Entzücken ergötzlich – naiv und sentimental in *einem* Atem; manchmal fein und gewandt wie ein Franzose und plötzlich wieder grob und plump gleich einem Shakespeareschen Stallknecht; zutraulich schmeichelnd wie ein kleines Mädchen und wieder stolz und despotisch wie ein römischer Imperator; von Liebe lispelnd wie Hafis und in barbarischen Derbheiten sich ergehend trotz Meister Franz Rabelais; großmütig wie ein Leu, aber auch grausam wie ein Tiger; ebenso enthusiastisch für das einmal Begriffene als widerspenstig gegen das Unverstandene; launig-poetisch und leichtsinnig in der Liebe und dem Wein wie der echte Irländer; plötzlich wieder ökonomisch und wirtschaftlich besorgt gleich dem filzigsten Schotten und endlich: stolz, energisch und kühn wie der Sohn Alt-Englands – alles das war dieser O'Connor! Ein tolles Gemisch aller Volksleidenschaften, ausgeschmückt mit allen Tugenden und mit allen Lastern des Volkes; mit einem Charakter, in dem sich die Grundzüge des Volkes der Rose, der Distel und des Klees in einer Weise widerspiegelten, wie sie noch in keinem britischen oder irischen Agitator, weder in Cartwright noch in Cobbett, noch in Hunt, noch in O'Connell zum Vorschein kamen.

Oh, nie werde ich den Augenblick vergessen, wo ich den Irländer zum ersten Male reden hörte. Er war damals in der Epoche seines höchsten Glanzes. Die Versammlung hatte lange auf ihn gewartet, der Saal war gedrängt voll. Viele der Anwesenden hatten sich schon in die Fensternischen geflüchtet, um nicht erdrückt zu werden. Frauen und Mädchen wurden auf die Stufen der Tribüne gebracht. Über dem Ganzen lag eine schwere, dumpfige Atmosphäre, und die Lichter der Ampeln warfen einen trüben Schein auf die Gesichter von etwa fünftausend Arbeitern. Rings herrschte eine unheimliche Stille. Wie einem Gewitter sah man dem Erscheinen O'Connors ernst und bang entgegen.

Da entstand plötzlich vor der Tür ein wilder Spektakel; im Vordergrunde des Saales wogte es toll durcheinander; die Leute drehten sich rechts und links, man bekam Rippenstöße in Menge, und unwillkürlich wurde man nach der Richtung fortgezogen, von der der Lärm ausging.

O'Connor hatte die Schwelle des Saales betreten. Von mehreren Freunden begleitet, brach er sich Bahn durch die Menge; vielen die Hände schüttelnd, manche bei Namen rufend, alle herzlich grüßend, wie ein heimkehrender Vater seine Kinder bewillkommt, und lachend und scherzend immer vorwärtsdrängend bis zum Fuß der Tribüne. ›There he is! There he is!‹ klang es von allen Lippen, und wie im Triumphe hoben ihn die Arme seiner Getreuen auf die Höhe der Plattform. Mit einer Stimme, die im Laufe des ersten Teiles der Rede mehr oder weniger ihren Ton beibehielt und durch Einförmigkeit gewissermaßen jedes Wort in das Gedächtnis der Zuhörer eingraben zu wollen schien, begann O'Connor seine Rede. Ich weiß nicht mehr alle Details derselben; nur so viel ist mir erinnerlich, daß einem halbstündigen aufmerksamen Zuhören allmählich eine sichtbare Bewegung der ganzen Masse folgte. O'Connor hatte über dieses und jenes Bericht abgestattet, dann folgte die Argumentation, jetzt rückte er in das Herz seines Gegenstandes vor.

Schon mehrere Male hatte er hörbar das Brett der Tribüne mit der Rechten geschlagen, schon mehrere Male zorniger mit dem Fuße gestampft und wilder das Haupt geschüttelt – er schickte sich an, den Angriff auf seine Feinde zu machen. Die Versammlung merkte dies und ermunterte ihn durch lauteren Beifall; es war, als hätte man einen Stier mit rotem Tuche gehetzt. Da hatte der Riese seinen Gegner gepackt! Die Stimme bekam einen volleren Klang, die Sätze wurden kürzer, stoßweise drangen sie aus der kochenden Brust, die Faust trommelte wilder auf den Rand der Tribüne, das Gesicht des Redners wurde feuerrot, seine Glieder zitterten, der Katarakt seines Zornes hatte das letzte Wehr überflutet, und hin donnerte nun die Woge der Beredsamkeit, alles vor sich niederwerfend, alles zerkrachend und zersplitternd, und ich glaube, der Mann hätte sich totgesprochen, wenn er nicht durch einen Applaus unterbrochen worden wäre, der das ganze Haus für eine Minute lang wie in eine schwingende Bewegung setzte.

O'Connor sprach etwa drei Stunden lang an jenem Abend. Sein Eindruck auf die Versammlung war unbeschreiblich. Mehr als einmal trockneten die Weiber, welche den Redner auf der Tribüne umringten, ihre heißen Tränen von den Wangen; mehr als einmal brachen sie in den unendlichsten Jubel aus. Auf den Gesichtern der Männer las man, was in ihren Herzen vorging – die Stimmung des Redners lebte in einem jeden. Die Irländer, die bei dem Meeting zugegen waren, kannten für ihren Enthusiasmus, wie gewöhnlich, keine Grenzen. Sie drängten sich mehrere Male durch die dichtesten Haufen, sprangen an der Tribüne hinauf und drückten O'Connors Hände. Mehrere Subjekte, die man als Unruhstifter und Spione erkannte, ergriff man und warf sie über die Köpfe der Versammlung von einer Hand zur andern, durch die ganze Länge des Saales, absichtliche Stöße den unwillkürlichen hinzufügend und an der Türe des Saales durch einige Fußtritte ihre schnelle Abreise sehr befördernd.

O'Connor stand damals auf dem Gipfel seines Ruhmes; gehaßt von der Aristokratie, gefürchtet von der Mittelklasse und vergöttert vom Volke. Er war der Diktator einer der furchtbarsten Parteien neuerer Zeit, der Partei der englischen Arbeiter.

Mehrere Jahre sind seitdem verstrichen. Als Abgeordneter für Nottingham sahen wir ihn heute im Parlamente. Er hat sich auf den Wink des Sprechers erhoben und ergreift das Wort gegen die von den Whigs vorgeschlagene Verlängerung der irischen Zwangs-Bill.

Festen Schrittes tritt er an den Tisch des Hauses; jetzt lehnt er den einen Arm auf die rote Büchse, und den andern in die Seite stemmend, beginnt er seine Rede. – Ja, das ist noch dieselbe Stirn, welche so kühn manchem Feinde getrotzt hat; ja, das ist noch dieselbe Brust, aus der mit dem Donner eines Gewitters so mancher gewaltige Ton über Tausende von Zuhörern dahinbrauste. Es ist wohltuend, nach dem stotternden Krüppel John O'Connell diesen Riesen O'Connor auftreten zu sehen. Ein ›Aha‹ geht durch die ganze Versammlung; neugierig recken die ehrenwerten Mitglieder ihre Hälse, viele erheben sich, um den wilden Chartisten noch einmal von Kopf bis zu Fuß zu beschauen – aber damit hat auch die Aufmerksamkeit des Parlaments ein Ende. Denn wie O'Connor in seiner Rede vorrückt, jetzt die Leiden Irlands schildernd, jetzt die Grausamkeiten des Gouvernements und jetzt die einzigen Mittel aufzählend, welche die unglückliche Insel vom Untergange retten können, da greift der kleine John Russell nach seinen Papieren, da knüpft Lord Palmerston eine Konversation mit dem Sprecher des Hauses an und da lehnt sich Sir George Grey zu einigen jungen Bekannten hintenüber, um von Fuchsjagden zu sprechen, von Pferderennen und von schönen Frauen. Aber auch die sonst so steifen Freetraders verlieren die Geduld. Der alte Colonel Thompson unterhält sich mit Herrn Hume, und beide lachen aus vollem Halse. Der Quäker

Bright trommelt mit den Füßen; der fuchsige Wilson studiert in einer Zeitung, und Mr. Cobden hat sich mit vielen andern Mitgliedern hinaus in den Vorsaal geschlichen. Die Bänke der Torys sind aber erst recht verlassen; Sir James Graham ist hinauf zu den Peeliten gestiegen; die alten Glatzköpfe schlafen in den nächsten Ecken oder wandeln mit knarrenden Stiefeln über die Galerie. Disraeli spricht mit seinen Anhängern unter den lebendigsten Gestikulationen, und nur der junge Gladstone blickt unverwandt hinab auf den großen Sir Robert Peel, der, die Arme vor der Brust gekreuzt, die Beine übereinandergeschlagen und den Hut tief über der Stirn, schweigend dasitzt, um von Zeit zu Zeit langsam den Kopf zu erheben und den Redner anzuschauen mit einem mitleidigen Lächeln.

Ja, außer ihm sind wohl nur die irischen Mitglieder am Platze geblieben, und die Worte des Redners würden längst in dem allgemeinen Gemurmel verlorengegangen sein, wenn das Metall der O'Connorschen Stimme sich nicht trotz alldem geltend machte und das Haus erdröhnen ließe bis in seinen letzten Winkel.

Aber wie kommt es, daß der gewaltige Mann so durchaus unwirksam bleibt? Er, der die Bewegung des ganzen Volkes in seiner Hand hielt? Nichts ist leichter zu beantworten als das: *O'Connor hat aufgehört, da draußen Triumphe zu feiern,* und mit seinen Triumphen im Parlamente ist es für ewig zu Ende. Ja, nach einer Karriere, die fast ohne Beispiel in dem Leben der Agitatoren des Volkes ist, sehen wir den ›wilden Feargus‹ endlich fast auf demselben Punkte ankommen, den einst sein alter Gönner, der John Daniel O'Connell, erreichte, als das Volk über sein Treiben die Augen öffnete und als er von der Majorität seiner Partei verlassen und verachtet zusammensank und den Fluch seiner hungergefolterten Landsleute mit hinabnahm in ein ruhmloses Grab.

Klar ist es endlich, daß O'Connor zwar nicht wie der alte Dan das Volk für bares Geld verriet, daß er aber deswegen die ganze Bewegung der englischen Arbeiter durch seinen allmächtigen Einfluß stets in eine Farce verwandelte, weil er vor dem Äußersten zurückschreckte, weil er nicht jenen offenen Kampf wagte, ohne den keine Bewegung der Welt zu einem Resultat zu bringen ist.

Verdächtig war es, daß O'Connor hinüber nach Irland reiste, als im Jahre 1839 der Aufstand in Wales begann; verdächtig war es, daß er im Jahre 1842 nicht losschlug, als die Chartisten ganz Manchester besetzt und ganz Lancashire in ihrer Hand hatten – aber zu einem bloßen Polterer sank der große Agitator hinab, als endlich der Frühling von 1848 die revolutionäre Bewegung von halb Europa brachte und als der ›wilde Feargus‹ die Wut der Arbeiter zu nichts anderem benutzte als zu jenem unglückseligen Meeting des 10. April auf Kennington Common, wo er die schlagfertige Masse beschwor, keinen Tropfen Blut zu vergießen, und wo er in seiner Zeitung, im ›Northern Star‹, erklärte, *daß er nie wieder eine Nacht ruhig in seinem Bette schlafen würde, wenn ein einziger Arbeiter durch die von ihm angefachte Bewegung ums Leben komme.*

Mit diesen Worten schrieb Herr O'Connor seine eigene Grabschrift, und Sir Robert Peel hatte recht, daß er sich bald darauf entrüstet von seinem Sitze erhob, um auf die widerlichsten Schmeicheleien O'Connors nichts weiter zu erwidern, als daß er gewisse quäkende Frösche kenne, die zu feige seien, um große Verbrecher zu werden. Und recht hatte Richard Cobden, daß er die Artigkeiten des sonst so gefürchteten Chartisten höhnisch zurückwies, als O'Connor sich dazu herabwürdigte, sogar diesem Repräsentanten der Mittelklasse den Hof zu machen.

Aus war es mit der Achtung der Feinde und mit dem Vertrauen der Freunde, und wenn die Feinde sich damit begnügen, den gesunkenen Mann mit dem gerechtesten Hohn zu überschütten, so werden die früheren Freunde nicht dabei stehenbleiben, sondern einst den Fuß auf seinen Nacken setzen, um, über ihn hinweg, desto sicherer dem Siege entgegenzuschreiten.«

Die Göttin der Langenweile machte eine Pause. Gähnend schloß sie endlich mit den Worten: »Oh, dieser O'Connor ist mir verfallen! Er hörte auf, revolutionär zu sein, und er wurde langweilig – – da haben Sie das ganze Geständnis!«

Der Spleen nieste entsetzlich, und auf unser aller Bitten war er so freundlich, sein langes Schweigen zu brechen und die interessanten Mitteilungen der Langenweile fortzusetzen.

Großbritannien

Seit Wochen und Monaten füllen die sogenannten großen Männer des Ober- und des Unterhauses ihre Abende wieder mit jenen unendlichen Reden aus, in denen sich der Spleen und die Langeweile den Rang streitig machen.

Die Schiffahrtsgesetze, die Änderung des parlamentarischen Eides, die Umgestaltung der Lokaltaxen, das irische Armengesetz, die irische Emigration, die Verwicklungen des Kontinents, die Lage der Kolonien und die britischen Feldzüge in Indien, alles das waren Punkte, welche mit wahrhaft haarsträubender Gewissenhaftigkeit durchdebattiert wurden.

Während wir dem Zuge der Revolution durch Italien, durch Frankreich, durch Deutschland und durch den Osten Europas folgten, war es wirklich oft nicht der Mühe wert, diesen Debatten der großbritannischen Lords eine flüchtige Übersicht zu widmen. Doch was auch von der Donau bis zum Rheine geschah, wir vergessen darüber nicht das geringste Ereignis in der *Weiterentwicklung jenes großen Landes, das mit seiner chartistischen Arbeiterbevölkerung dazu bestimmt ist, einst in der revolutionären Bewegung der Welt den Ausschlag zu geben.*

Den schlechten Ernten von 1845 und 1846, der Überproduktion in Manufakturartikeln, den Eisenbahnspekulationen und ähnlichen übertriebenen Unternehmungen folgte endlich in den letzten drei Monaten von 1847 eine Geldkrise, welche Alt-England bis in seine Grundfesten erschütterte.

Wiederum war man auf dem Punkte angelangt, wo die Matadore der Londoner City, die sonst im Gefühl ihres weltbeherrschenden Einflusses so stolz durch Lombard und Threadneedle Street marschieren, die Hände in den Schoß legten, da alle Mittel des regulären Verkehrs erschöpft waren und jene düstern Arbeitermassen von Lancashire und Yorkshire aufs neue so drohend emporfuhren, als wollten sie mit einem Schlage das morsche Gebäude veralteter Institutionen in Staub und Asche zusammenschmettern.

Seit den Tagen der Reform Bill hatte man in England keine ähnliche Bewegung gesehen. Doch das Erheben der Massen sollte erst seinen Gipfel erreichen, als die Nachricht der Februarrevolution eintraf und eine Demonstration veranlaßte, welche 200.000 Konstabler zum Schutz der sogenannten britischen Freiheit in die Londoner Straßen jagte.

Es wäre damals für die Chartisten der Moment gewesen, ihre Bewegung zu einem Resultate zu bringen und dadurch der französischen Revolution jene Bedeutung zu geben, die durch das Fehlschlagen des Meetings vom 10. April auf Kennington Common verlorenging. Aber zu sehr hing das Volk an jenen veralteten Führern, an jenem Poltrer O'Connor, als daß es gegen seinen Willen den entscheidenden Schlag gewagt hätte, auch vergaß man namentlich in London, daß während der allgemeinen Aufregung im Süden von England der Norden durch eine Besserung des Geschäftes und eine Steigerung der Arbeitslöhne schon wieder so weit beruhigt war, daß alle ideologischen Gründe an der sehr materiellen Stimmung der Arbeiter scheiterten, und die ganze Bewegung zerplatzte daher ebenso jämmerlich, wie sie großartig unternommen wurde.

Man konnte sich durch diese Niederlage der revolutionären Partei in England entmutigen lassen, wenn es nicht eine unumstößliche Wahrheit wäre, daß die chartistische Bewegung Großbritanniens zu sehr mit der ökonomischen Entwicklung des ganzen Landes verknüpft ist, als daß nicht die letzte Maßregel, welche die alte englische Gesellschaft zu ihrer Rettung ergreifen wird, mit ihrem unwiederbringlichen Falle und dem Siege des britischen Proletariats zusammentreffen wird.

Eine dieser letzten Maßregeln wurde durch die Bill der Abschaffung der Korngesetze ergriffen, welche in diesem Augenblick schon dieselbe Misere in den Agrikulturdistrikten verbreitet, welche sie in den Industriedistrikten nur momentan zu lindern imstande war. Die Abschaffung der Schiffahrtsgesetze, welche man vor wenigen Tagen bei der zweiten Lesung der betreffenden Bill im Oberhause mit einer zwar kleinen, aber entscheidenden Majorität beschloß, folgt der Auflösung der Korngesetze auf dem Fuße nach und wird neue Verwicklungen im Gefolge haben.

Immer verzweifelter greift die Bourgeoisie nach den letzten Mitteln, die sie retten können. Bald wird sie sich vergebens nach neuen Auswegen umsehen, und die eherne Notwendigkeit wird dann jenen Sieg der Chartisten herbeiführen, der das Signal der sozialen Umwälzung der alten Welt ist.

Schon bereitet sich im Norden eine neue Industriekrisis vor, sie wird diesmal mit einer Agrikulturkrise und einem allgemeinen Kriege zusammentreffen. Diese äußern Verwicklungen mit diesen innern Wirren vereinigt werden den Sturz des alten Englands herbeiführen. Der Sturz Alt-Englands ist der Sturz der modernen bürgerlichen Gesellschaft, der Sturz der Bourgeois-Herrschaft, der Sieg der arbeitenden Klasse.

Proklamation an die Frauen

Seit dem 1. Juni 1848, wo die »Neue Rheinische Zeitung« wie ein fremder Wunderstern drohend und prächtig über Ländern und Meeren heraufstieg und wo das Feuilleton wie ein humoristischer Kometenschweif hinterdrein flackerte, hat dieser Kometenschweif so unbeschreiblich viel geleistet, daß meine freundlichen Leserinnen weinend ihre holden Gesichter verhüllen werden, wenn sie die schreckliche Kunde vernehmen, daß auch dieser Kometenschweif in der augenblicklichen Götterdämmerung der »Neuen Rheinischen Zeitung« dem Auge profaner Sterblicher entrückt wird, um vielleicht erst später wieder den Himmel mit seinem lustigen Zickzack zu durchschießen.

»Und scheint die Sonne noch so schön,
Am Ende muß sie untergehn.«

Ich habe mich von jeher an die Frauen gehalten; für Männer interessiere ich mich selten.

An euch, ihr schönen Frauen, wende ich mich daher mit diesem Abschiedsstrauß, in dem ich alle Rosen und Disteln meiner unerforschlichen Seele zusammenband. Die Rosen sind natürlich für euch; die Disteln für eure allenfallsigen Männer.

Treffliche Männer habt ihr. Seht nur, was aus euern Männern geworden ist! Aus jenen großen Staatsmännern, mit denen man nicht einmal mehr die kleinen Kinder bange macht; aus jenen berühmten Gelehrten, vor denen nicht einmal die tollen Hunde die Wasserscheu bekommen; aus jenen gefeierten Bänkelsängern, die durch alle ihre patriotische Begeisterung nur zu einer roten Nase gelangten, und aus jenen stillen Schwärmern Ur-Deutschlands, die gleich melancholischen Heidschnucken mit verhängten Schwänzen über die Lüneburger Heide der Gegenwart der Sahara der Zukunft entgegenwedeln.

Es tut mir leid, Frau Regierungsrätin, daß Sie sich in Ihrem Herrn Gemahle so geirrt haben. Sie hielten ihn für einen Solon, und da kommt er aus der Berliner Nationalversammlung nach Hause zurück, und es findet sich, daß er ein rechter Gimpel ist. Ich bedaure dies, Frau Regierungsrätin. Trösten Sie Ihren Mann damit, daß er ein verkanntes Genie sei, aber vor allen Dingen: schaffen Sie sich diesen

Menschen vom Halse – ja, ihr Frauen, gebt euern Männern den Abschied, sie sind keinen Schuß Pulver wert. -- Wer möchte ein Kamel umarmen!

Wunderlich haben uns die Familienväter in den Berliner und Frankfurter Nationalversammlungen mitgespielt. »Wärt ihr Frauen am Ruder gewesen, wahrlich, alles wäre anders geworden. Lachend hättet ihr eure ambrosischen Locken geschüttelt, und nach kurzen Debatten hättet ihr irgendeinen Adonis zum deutschen Kaiser gemacht, und nach drei Tagen hättet ihr ihn geköpft, und aus seinem Blute wären blutrote Rosen gewachsen, die Blumen der Liebe und der Republik!

Aber das ganze Unheil ist nur deshalb über Deutschland gekommen, weil man die deutsche Politik bisher für eine ernste, wichtige und nicht für eine Herzenssache hielt. Ihr Frauen seid dazu berufen, diesem Mißverständnis ein für allemal abzuhelfen.

Fragt nicht nach dem: Wie? Ihr wißt es selbst am besten. Laßt eure alten Männer laufen; nehmt neue Männer, revolutionäre Männer- voilà tout!

Wenn es vor vierzig oder fünfundvierzig Jahren hieß: »Die Franzosen kommen!«, da liefen alle jungen Mädchen und Frauen eilig ans Fenster und schoben die Gardinen beiseite und schauten in die Straße hinaus, halb lüstern, halb verschämt, bis der Tambourmajor kam mit seinem großen Stock und hinterdrein die lustigen kleinen Kerle, die ohne weiteres in die Stadt und in jedes Herz hineinmarschierten. -- Niemals hat es hübschere Kinder gegeben als nach jenen gesegneten Feldzügen!

Heute heißt es nicht mehr: »Die Franzosen kommen!«, nein: »*Die Ungarn kommen!*«, und diese Ungarn sollt ihr freundlich empfangen. Dies ist die Herzenssache der deutschen Politik. *Die Ungarn sind die Franzosen des 19. Jahrhunderts!*

Früher lispelten die deutschen Mädchen im Momente des höchsten Glückes: »Du machst mich unglücklich!« Bald werden sie jubeln: »Du machst mich glücklich!« Denn die Ungarn werden sich in Deutsche verwandeln und die Deutschen in Ungarn, und der Kuß der glücklichen Lippen wird durch Berge und Wälder brennen, bis die Schneefelder Sibiriens auftauen und die Kosaken darin ersaufen vom Don bis zum Dnjestr.

Von Anbeginn seid ihr Frauen gescheiter gewesen als alle Schriftgelehrten und Pharisäer, aber von Anbeginn wart ihr auch *leidenschaftlicher* als alle Schriftgelehrten und Pharisäer.

So fahrt denn heraus mit eurer flammenden Leidenschaft und ergreift eure zahmen Männer bei ihren liederlichen Zöpfen und hängt sie als Vogelscheuchen, wohin ihr wollt- nur fort mit ihnen!

Die Guillotine wird uns retten und die Leidenschaft der Weiber.

Im übrigen empfehle ich mich euch von ganzem Herzen. Die Nachtigallen singen in den Büschen, die Kugeln pfeifen, und meine Proklamation ist zu Ende.

Biographie

1822 *17. Februar:* Georg Weerth wird als Sohn eines Generalsuperintendenten in Detmold geboren.

1830 Eintritt in das Gymnasium in Detmold.

1836 Abschluß des Gymnasiums mit der Sekundarreife.
September: Beginn einer kaufmännischen Lehre bei der Firma J. H. Brink und Comp. in Elberfeld.
Tod des Vaters und der Schwester Charlotte.
Vermutlich erste Kontakte zu Friedrich Engels.

1837 Kontakt zu Ferdinand Freiligrath, der aus dem Nachbarhaus in Detmold stammte.

1838 Bekanntschaft mit Hermann Püttmann.
Es entstehen erste (unveröffentlichte) Gedichte.

1839 Weerth sucht nach einer Stelle in Buenos Aires. Er nimmt das Angebot der Firma des Grafen Meinertshagen in Köln für eine Stelle als Buchhalter an.

1840 Beginn der Arbeit als Buchhalter in Köln (bis 1842).

1841 Am Kölner Karneval nimmt Weerth als Don Quichote teil.
Als erste Veröffentlichung erscheint »Der steinerne Knappe« (in »Tausend und eine Rheinsage«).
März: Weerth äußert den Wunsch zu einer Auslandsreise, der jedoch nicht erfüllt wird.
Sommer: Besuch von Hermann Püttmann in Köln, mit dem Weerth Freundschaft schließt.
Jahresende: Friedrich aus'm Weerth bietet ihm eine Stelle als Korrespondent in seiner Firma in Bonn an. Weerth nimmt an.

1842 *Januar:* Weerth wird aus dem Vertrag mit dem Grafen Meinertshagen entlassen und übernimmt seine Aufgabe in Bonn.
Besuch von Vorlesungen über Kunst und Literatur an der Universität Bonn.
Weerth unterhält Beziehungen zu Johann Gottfried Kinkel und wird Mitglied in dessen »Maikäferbund«. Zugleich Kontakte zum Dichterkreis um Karl Simrock.

1843 *Februar:* Erste Veröffentlichungen in der »Kölnischen Zeitung« durch Vermittlung von Hermann Püttmann, der dort Feuilletonchef geworden ist.

Mai: Weerth beteiligt sich an der Kampagne für Pressefreiheit und Emanzipation der Juden.

Konflikt mit Friedrich aus'm Weerth, nachdem Weerth Informationen aus einem vertraulichen Brief des Oberbürgermeisters weitergegeben und damit dessen Opportunismus offengelegt hat. Weerth verläßt die Firma und sucht nach einer Anstellung in England.

September: Reise nach London, wo er vergeblich versucht, eine Anstellung zu finden.

November: Durch Vermittlung von Georg Gruber erhält Weerth eine Stellung in der Textilfirma Th. Passavant und Comp. in Bradford (England). Er wird mit der hochentwickelten industriellen Produktion bekannt.

Dezember: Nach kurzem Aufenthalt in Detmold verläßt Weerth Deutschland und siedelt nach Bradford über.

Entstehung der ersten Teile der späteren »Skizzen aus dem sozialen und politischen Leben der Briten«, die als Englandberichte in der »Kölnischen Zeitung« veröffentlicht werden.

Erste Konzeption eines Romans, der unvollendet bleibt.

1844 *Frühjahr:* Besuch bei Friedrich Engels in Manchester und Beginn einer engen Freundschaft. Engels charakterisiert ihn später als den »erste(n) und bedeutendste(n) Dichter des deutschen Proletariats«.

Weerth lernt sozialistische und kommunistische Ideen kennen und beschäftigt sich mit den Problemen des englischen Proletariats. Bekanntschaft mit dem englischen Chartismus und seinem Führer Robert Owen, mit Julian Harney und Feargus O'Connor, Joseph Rayner Stephens und John Jackson.

Studium der Schriften von Feuerbach, Smith, Malthus, Ricardo und MacCullochs.

Weerth veröffentlicht einige Gedichte und Reportagen in verschiedenen Zeitungen und Zeitschriften und setzt die Englandberichte für die »Kölnische Zeitung« fort.

1845 »Lieder aus Lancashire« erscheinen im Elberfelder »Gesellschaftsspiegel« (bis 1846).

Arbeit an den »Humoristischen Skizzen aus dem deutschen Handelsleben« und an dem Romanfragment »Scherzhafte

Reisen«.

Sommer: Fahrt nach Brüssel und Treffen mit Karl Marx, Heinrich Bürgers und Moses Heß.
Auf der Rückreise Begegnung mit Julian Harney und Wilhelm Weitling in London. Weerth nimmt an dem von Harney und Weitling organisierten Meeting zur Erinnerung an die erste französische Revolution teil.
September: Rückkehr nach Bradford.
»Das Blumenfest der englischen Arbeiter« (Prosaskizze).

1846 *April:* Weerth wird Agent der Bradforder Firma Emanuel & Son für Belgien, Holland und Frankreich und unternimmt Geschäftsreisen durch diese Länder.
Weerth verwirft den Plan einer Herausgabe seiner gesammelten Gedichte.
Für das von Marx und Engels gegründete »Kommunistische Korrespondenzkomitee« übernimmt Weerth Kurierdienste und Kontaktpflege.

1847 *Juni:* Kongreß des Bundes der Gerechten, der in Bund der Kommunisten umbenannt wird, zu dem auch Weerth gehört.
Veröffentlichung mehrerer Gedichte in der Deutsch-Brüsseler Zeitung.
Beginn des Abdrucks der »Humoristischen Skizzen aus dem deutschen Handelsleben« in der »Kölnischen Zeitung«.
18. September: Weerth spricht auf der Freihandelskonferenz in Brüssel »im Namen der Arbeiter« und trägt die Ideen des wissenschaftlichen Sozialismus vor.
November: Wahl in den Vorstand der »Association démocratique«.

1848 *Februar:* Reise nach Paris aus Anlaß der Februarrevolution. Teilnahme an der Demonstration der deutschen Demokraten unter Führung von Georg Herwegh.
März: Nach der Märzrevolution Reise nach Köln. Vorbereitungen zur Herausgabe einer Zeitung.
1. Juni: Erscheinen der ersten Ausgabe der »Neuen Rheinischen Zeitung« unter dem Chefredakteur Karl Marx. Weerth wird Redakteur des Feuilletonteils.
Bekanntschaft mit Ferdinand Lassalle und Gräfin von Hatzfeld.
8. August: Der erste deutsche Feuilletonroman »Leben und

Taten des berühmten Ritters Schnapphahnski« erscheint als Serie in der »Neuen Rheinischen Zeitung« (1849 in Buchform).
19. September: Das Vorbild für die Schnapphahnski-Figur, der Abgeordnete der Nationalversammlung Lichnowsky, wird in Frankfurt am Main getötet. Weerth unterbricht den Abdruck seiner Feuilletonserie. Vorladung vor Gericht.
26. September: Belagerungszustand in Köln. Die »Neue Rheinische Zeitung« kann nicht erscheinen. Weerth verläßt zeitweilig die Stadt.
12. Oktober: Wiedererscheinen der »Neuen Rheinischen Zeitung«.
Ende Oktober: Weerth unternimmt die erste geschäftliche Auslandsreise (nach Belgien) nach Beginn der Revolution.

1849 *Januar:* Reise nach Hamburg und Treffen mit dem Verleger Julius Campe, der eine Buchveröffentlichung des »Schnapphahnski« vorschlägt.
März: Rückkehr nach Köln.
April-Mai: Geschäftsreisen nach Belgien und Holland.
19. Mai: Nach der Ausweisung von Karl Marx aus Deutschland erscheint die letzte Ausgabe der »Neuen Rheinischen Zeitung«. Weerth geht nach Lüttich.
Juni: Weerth hält sich in Paris, anschließend wieder in Belgien auf. Er wird aus Belgien ausgewiesen und nach Holland abgeschoben. Reise nach Köln, wo er mit Freiligrath zusammentrifft, Detmold und Hamburg.
Juli: Weerth erfährt, daß er von der Korrektionell-Appellationskammer in Köln wegen seines Romans »Schnapphahnski« zu drei Monaten Gefängnis verurteilt worden ist.
In Hamburg trifft er mit seiner Firma eine Vereinbarung über die Errichtung einer Agentur in Liverpool.
Reise nach Nordfrankreich und Paris.
August: Kurzes Treffen mit Heinrich Heine in Paris. In Calais macht er die Bekanntschaft der Lola Montez. Eintreffen in Liverpool.
September: Übersiedlung nach London.
Dezember: Kurze Reisen nach Holland und nach Bradford. »Proklamation an die Frauen«.

1850 *Januar:* Der Königliche Revisions- und Kassationshof in Berlin

verwirft Weerths Einsprüche gegen seine Verurteilung.
25. Februar - 26. Mai: Weerth verbüßt seine Haftstrafe im Gefängnis Klingelpütz in Köln.
Juni-August: Geschäftsreisen (mit gelegentlichen politischen Kurierdiensten) nach England, Schottland, Portugal und Spanien.
Dezember: Treffen mit dem konservativen englischen Parlamentsabgeordneten John Packington.

1851 *Februar:* Rückkehr nach Hamburg über Paris, wo er Heinrich Heine besucht.
Heinrich Bürgers versucht erfolglos, Weerth zur Mitarbeit an einer neuen Zeitung zu gewinnen.
Juni: Aufenthalt in Detmold.
Juli: Reise zur Weltausstellung nach London. Treffen mit Marx, Ernest Jones, Wilhelm Wolff, Freiligrath und Bekanntschaft mit Wilhelm Liebknecht.
Juli-August: Reise nach Hamburg, Bradford und Holland.
Oktober: Aufenthalt in Bradford. Engerer Kontakt mit Marx und Engels, deren Versuche, Weerth zu neuer politischer und literarischer Tätigkeit zu gewinnen, jedoch erfolglos bleiben.

1852 *Februar:* Geschäftsreisen durch Holland und Deutschland. Weerth trifft in Köln mit Friedrich aus'm Weerth, in Elberfeld mit Hermann Püttmann und in Dresden mit dem Historiker Karl Eduard von Vehse zusammen.
April: Aufenthalt in Berlin und enger Kontakt mit Franz und Lina Duncker. In Leipzig Besuch von Lina Duncker und ihrer Schwester Betty Tendering.
Weerths Arbeitgeber, die Firma Emanuel, gerät durch den Konkurs der Londoner Filiale in plötzliche finanzielle Schwierigkeiten.
Juni: Weerth kann den Bankrott der Gesamtfirma abwenden helfen, die sich jedoch verkleinern muß. Weerth verläßt das Unternehmen. Er nimmt das Angebot der Firma Steinthal für eine Agentur in Mittel- und Südamerika an.
Oktober: Aufenthalt in Manchester, dem Sitz der Firma Steinthal.
Dezember: Weerth reist nach St. Thomas in Westindien ab. Bekanntschaft mit General Pedro Santana, dem Präsidenten

der Dominikanischen Republik.
Reisen in Mittelamerika. Treffen mit Robert Schomburgk.

1853 *April-August:* Geschäftsreisen nach Südamerika.
September: Fahrt nach Mexiko und in die USA (San Francisco) (bis März 1854).

1854 *April-Juli:* Reisen durch Südamerika.
Oktober: Erneute Geschäftsreise nach Argentinien und Brasilien.

1855 *Mai:* Reise von Rio de Janeiro nach Southampton. Weerth entschließt sich zur Übernahme einer permanenten Agentur in Westindien.
August: Reise nach Deutschland und Besuche in Detmold, Hamburg und Berlin.
Ende September: Wiedersehen mit Betty Tendering in Köln, die seine Liebe aber nicht erwidert. Aufenthalt in Detmold.
Oktober: Erneutes Treffen mit Betty Tendering in Paris, wo Weerth mit seinem Bruder Wilhelm die Weltausstellung besucht.
November: Letzter vergeblicher Versuch der Annäherung an Betty Tendering in Marseille.
17. November: Abfahrt von Southampton nach St. Tomas.
Dezember: Reisen nach Südamerika.

1856 *März:* Längerer Aufenthalt in Kuba.
30. Juli: Georg Weerth stirbt im Alter von 34 Jahren während einer Geschäftsreise in Havanna am Gelbfieber.